삐뽀삐뽀
냥이를 부탁해

삐뽀삐뽀 **냥이를 부탁해**

발행일 2021년 1월 1일 초판

지은이 제니퍼 파커
옮긴이 이지애
감수 이동국
발행인 김정현
책임편집 이현곤
지원 김진경, 장미정

발행처 오쿨루스
출판등록 2018년 1월 4일 제2018-000004호
주소 경기도 수원시 영통구 센트럴파크로 100, 6403-2002
전화 070-4189-4949(代) **팩스** 0303-3444-0818
홈페이지 www.oculuspublishing.com

디자인 프리렉 김미선, 임희진

ISBN 979-11-969629-2-0

First Aid for Cats by Jennifer Parker

Copyright © 2020 Quarto Publishing plc
Korean translation copyright © 2020 Oculus Publishing
Korean translation rights are arranged with Quarto Publishing plc through AMO Agency, Korea.

이 책의 한국어판 저작권은 AMO 에이전시를 통해 저작권자와 독점 계약한 오쿨루스에 있습니다. 저작권법에 의해 한국 내에서 보호를 받는 저작물이므로 무단 전재와 무단 복제를 금합니다.

책값은 뒤표지에 있습니다. 잘못된 책은 구입하신 곳에서 바꾸어 드립니다.

삐뽀삐뽀
냥이를 부탁해
First Aid for Cats

제니퍼 파커 지음   이지애 옮김   이동국 감수

오쿨루스

목차

이 책은 6
이 책의 사용 방법 8

건강한 반려묘

해부학적 구조	12
치아 건강	18
발톱 손질하기	24
예방접종	26
정신적 자극	28
행동 이해하기	32
반려묘 훈련 시키기	36
식단	38
기생충	46
노령묘	50
반려묘가 먹지 않는 이유는?	54

간단한 치료와 케어

반려묘 검사	58
동물병원에 언제 데려가야 할까?	62
구급상자	66
반려묘 다루기(핸들링)	70
경미한 상처 소독과 드레싱	76
털과 피부과적 문제	78
안과적 문제	80
생리식염수 만들기	80
갇힌 고양이 구조하기	82
수술 후 돌보기	84
상처 관리하기	86
투약	88
귀 청소	94
의료용 샴푸로 목욕시키기	98
임신 확인	102
재난 상황에서 반려묘 안전하게 지키기	104

3
응급처치

반려묘가 아픈지 어떻게 알 수 있나요?	112
쇼크 응급처치	116
질식	118
심폐소생술	122
심폐소생술: CPR	125
골절	126
열사병	128
농양	129
화상	130
물리고 쏘였을 때	132
싸움으로 인한 상처	134
지혈법	137
교통사고 혹은 기타 외상	138
비뇨기 문제	144
익사	146
감전	148
발열	150
구토	152
설사	153
발작	154
마비	156
중독	158
임신	162
신생묘 돌보기	168
신생묘 되살리기	170
넥카라 만드는 방법	172
반려묘용 응급 캐리어 만들기	174
수의사 선생님 질문과 답변	176

4
부록

응급처치 목록	**184**
용어집	186
색인	188
저자 소개	191

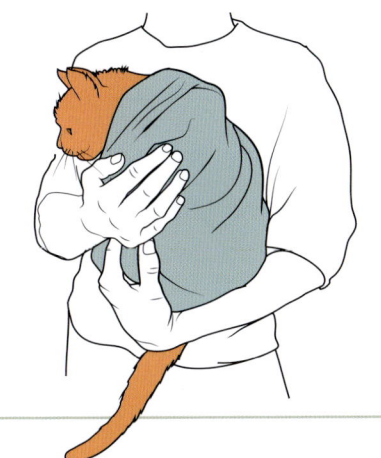

이 책은

이 책은 반려묘 응급처치 가이드를 제공하며 작은 상처에서 생명에 위협이 되는 응급 상황에 이르기까지 의료 문제에 대해 최선의 대처법을 제공합니다. 반려묘 응급처치와 부상 방지의 기본 원리에 익숙해 지도록 이 책을 정독하기를 권합니다. 응급상황에서 바로 활용할 수 있도록 구급상자 안에 보관하세요.

고양이는 호기심 많은 천성 때문에 매번 죽을 고비에 처하지는 않지만 곤경에 빠지는 일이 많습니다. 반려묘는 살아가는 동안 다치거나 질병에 걸릴 수 있지만, 초보자가 아닌 능숙한 보호자라도 가장 적절한 응급처치 절차를 모를 때가 있습니다. 이 책은 이런 상황에서 당황하지 않고 즉시 올바른 조치를 취하도록 도와줍니다. 여러 응급처치 상황에서 쉽게 따라할 수 있는 단계별 처치법을 알아보려면 필요한 부분으로 바로 이동하면 됩니다.

이 책은 응급처치법 이외에 반려묘를 건강하게 키우기 위한 유용한 정보를 제공합니다. 영양상의 조언, 투약 방법, 닿기 어려운 장소에 있는 고양이를 구조하는 방법까지 이 책은 반려묘 보호자라면 꼭 읽고 비치해 두어야 하는 필독서입니다.

위: 응급처치로 반려묘를 안정시킬 수 있어도 상황이 급변할 수 있으므로 반려묘의 상태가 조금이라도 이상하다면 바로 동물병원에 데려간다.

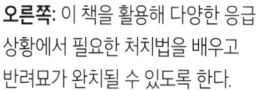

오른쪽: 이 책을 활용해 다양한 응급 상황에서 필요한 처치법을 배우고 반려묘가 완치될 수 있도록 한다.

왼쪽: 증상이 있으면 빨리 알아챌 수 있도록 정기적으로 가정에서 일상적인 건강 검진을 한다.

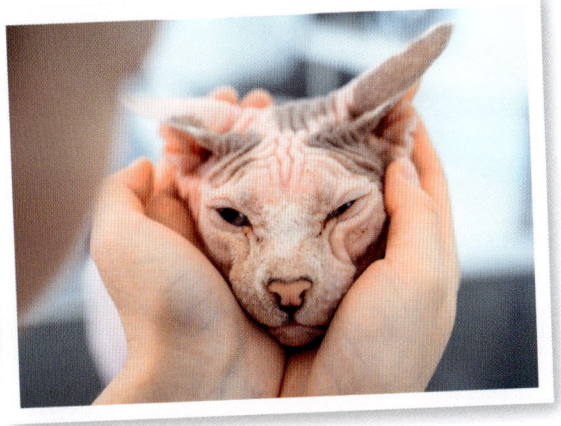

위: 부상이나 질병의 징후가 있을 때 편하게 검진할 수 있도록 어릴 때부터 검진에 익숙해지도록 한다.

응급처치란?

이 책에서 "응급처치"는 다치거나 갑자기 아픈 반려묘를 긴급으로 돕는 행위를 뜻합니다. 대부분의 경우 응급처치는 동물병원에 데려가기 전에 아픈 반려묘의 상태를 안정시키기 위한 치료의 초기 단계입니다. 반려묘에게 의학적인 치료가 필요한지 확실하지 않을 경우에도 문제가 있을 것으로 가정하고 동물병원에 데려가서 진찰을 받아 보세요.

동물에 대해 얘기할 때 이 책에서는 "징후^{signs}"라는 용어를 사용합니다. 이 용어는 응급처치자인 보호자가 보고, 듣고, 느끼고, 냄새 맡은 것들을 뜻합니다. "증상^{symptoms}"이라는 용어를 사용하지 않는데 증상은 환자가 느끼는 것이기 때문입니다. 우리의 환자는 동물이라서 반려묘가 느끼는 것을 우리가 정확히 알 방법이 없습니다.

이 책의 사용 방법

1부

1부에서는 반려묘의 건강 유지에 도움이 되는 일반적인 조언을 제공합니다. 평소의 건강관리 정보, 식단 선택, 체중 관리, 기생충 예방, 노령묘 돌보기 등과 함께 반려묘의 행복하고 건강한 삶을 위한 다양한 팁도 포함되어 있습니다.

반려묘의 응급처치 상황에 대비하려면 계속해서 2부를 읽어 보세요.

사진과 이미지는 고양이의 해부학적 구조와 특징을 깊이 이해하는데 도움을 준다

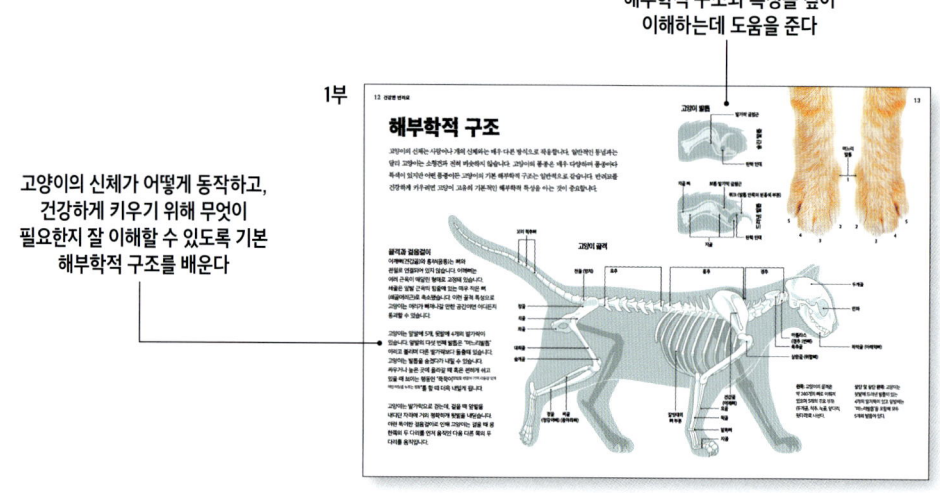

고양이의 신체가 어떻게 동작하고, 건강하게 키우기 위해 무엇이 필요한지 잘 이해할 수 있도록 기본 해부학적 구조를 배운다

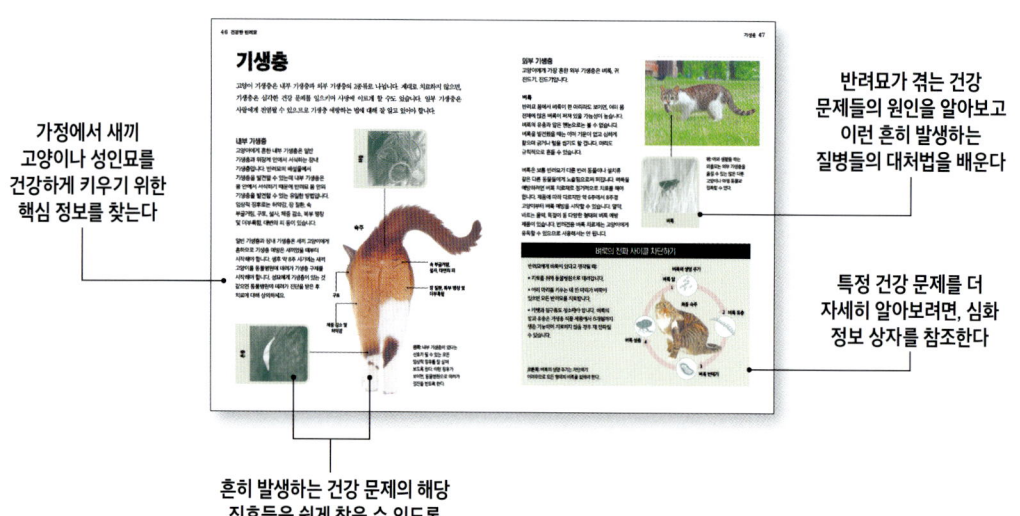

가정에서 새끼 고양이나 성인묘를 건강하게 키우기 위한 핵심 정보를 찾는다

반려묘가 겪는 건강 문제들의 원인을 알아보고 이런 흔히 발생하는 질병들의 대처법을 배운다

특정 건강 문제를 더 자세히 알아보려면, 심화 정보 상자를 참조한다

흔히 발생하는 건강 문제의 해당 징후들을 쉽게 찾을 수 있도록 세분화해서 자세히 설명한다

이 책의 사용 방법

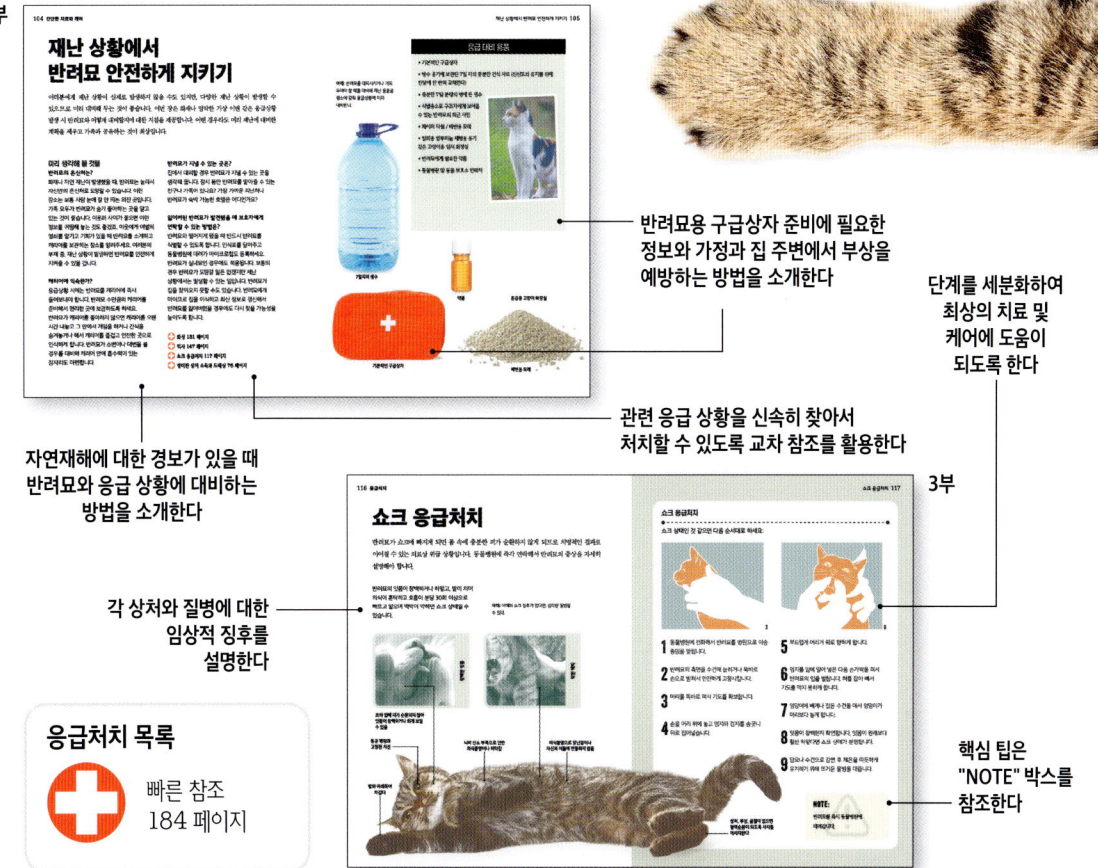

2부

2부에서는 반려묘의 상처나 질병을 검사하는 방법에 대해 설명합니다. 다친 반려묘 다루기, 생체 징후 확인, 반려묘가 아플 때를 이해하는 방법에 대한 가이드를 제시합니다. 자주 발생하는 응급처치 상황과 가정에서 대처 가능한 문제, 병원에 연락해야 할 경우를 판단하는 방법에 대해서 다룹니다. 동물병원으로 반려묘를 안전하게 옮기는 방법은 2부를 참조하세요.

반려묘가 부상 또는 갑작스런 질병을 앓은 후에 반려묘의 회복을 돕는 간호법도 제공합니다. 상처 관리와 반려묘에게 투약 시 유용한 팁과 요령을 소개합니다.

3부

3부는 응급처치 가이드용 목록입니다. 벌에 쏘일 때 및 감전까지 반려묘가 겪을 수 있는 문제에 대한 응급처치 방법을 제시합니다. 각 상처와 질병에 대해 임상적 징후를 설명하고 최선의 치료를 위해 필요한 단계별 대처법을 안내합니다.

3부에서는 응급처치 상황에 대처할 수 있도록 각 단계별 대처법을 설명합니다. 응급상황 시 빨리 참고할 수 있게 각 단계별 응급처치 방법을 소개합니다. 비상용 넥카라와 캐리어를 만드는 간략한 가이드도 제공합니다.

1

건강한 반려묘

해부학적 구조

고양이의 신체는 사람이나 개의 신체와는 매우 다른 방식으로 작용합니다. 일반적인 통념과는 달리 고양이는 소형견과 전혀 비슷하지 않습니다. 고양이의 품종은 매우 다양하며 품종마다 특색이 있지만 어떤 품종이든 고양이의 기본 해부학적 구조는 일반적으로 같습니다. 반려묘를 건강하게 키우려면 고양이 고유의 기본적인 해부학적 특성을 아는 것이 중요합니다.

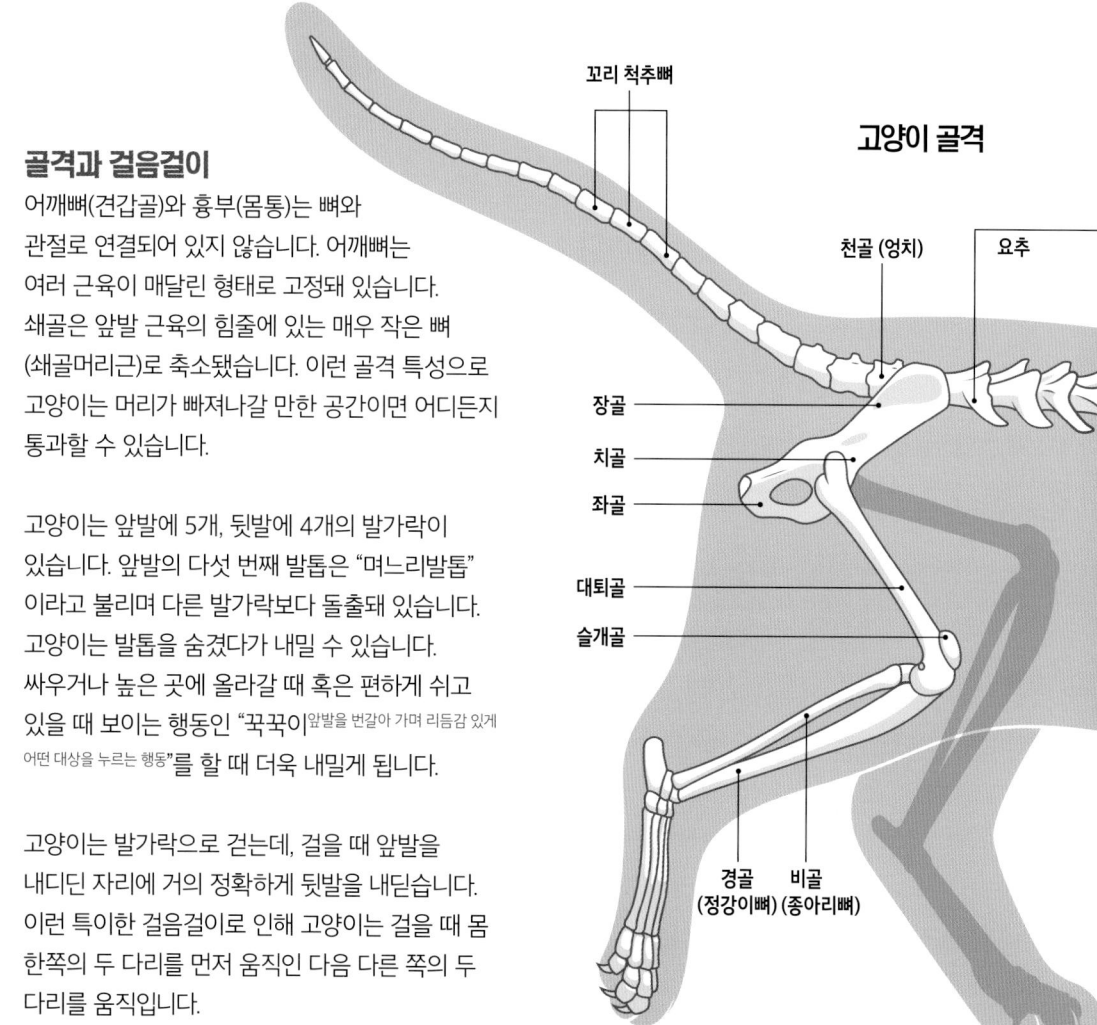

골격과 걸음걸이

어깨뼈(견갑골)와 흉부(몸통)는 뼈와 관절로 연결되어 있지 않습니다. 어깨뼈는 여러 근육이 매달린 형태로 고정돼 있습니다. 쇄골은 앞발 근육의 힘줄에 있는 매우 작은 뼈(쇄골머리근)로 축소됐습니다. 이런 골격 특성으로 고양이는 머리가 빠져나갈 만한 공간이면 어디든지 통과할 수 있습니다.

고양이는 앞발에 5개, 뒷발에 4개의 발가락이 있습니다. 앞발의 다섯 번째 발톱은 "며느리발톱"이라고 불리며 다른 발가락보다 돌출돼 있습니다. 고양이는 발톱을 숨겼다가 내밀 수 있습니다. 싸우거나 높은 곳에 올라갈 때 혹은 편하게 쉬고 있을 때 보이는 행동인 "꾹꾹이앞발을 번갈아 가며 리듬감 있게 어떤 대상을 누르는 행동"를 할 때 더욱 내밀게 됩니다.

고양이는 발가락으로 걷는데, 걸을 때 앞발을 내디딘 자리에 거의 정확하게 뒷발을 내딛습니다. 이런 특이한 걸음걸이로 인해 고양이는 걸을 때 몸 한쪽의 두 다리를 먼저 움직인 다음 다른 쪽의 두 다리를 움직입니다.

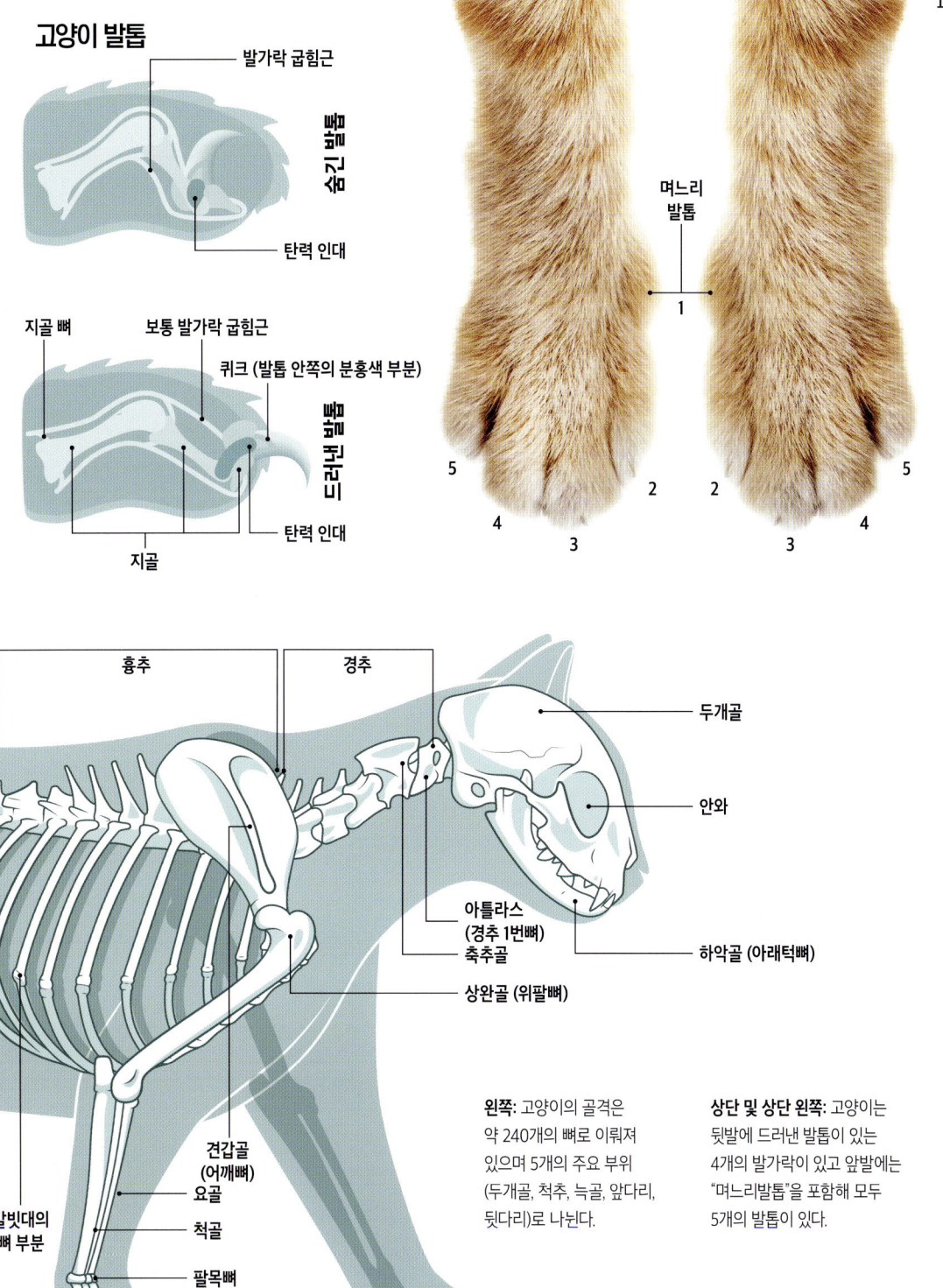

소화계

고양이의 두개골은 안와눈구멍: 안구가 박혀 있는 구멍가 매우 크고 작은 포유류의 사냥을 위해 턱이 특화됐다는 점에서 특이합니다. 고양이는 육식성 동물로 건강을 유지하려면 상당량의 육류를 섭취해야 합니다. 고양이는 신장 기능이 매우 효율적이기 때문에 많은 양의 물을 마실 필요는 없습니다.

개와 크게 차이가 나는 고양이의 신체 부위는 바로 소화계이며 보호자가 잘 알고 있어야 합니다. 고양이는 육식에 적합한 날카로운 이빨과 표면이 거친 혀를 갖고 있으며 육류를 먹는 데 도움이 됩니다. 야생에서 고양이의 식단은 대부분 육류로 이뤄져 있습니다. 이런 이유로 고양이의 입은 탄수화물 섭취에는 적합하지 않습니다. 고양이는 단맛을 느낄 수 없고 젖당을 효율적으로 잘 소화할 수도 없습니다.

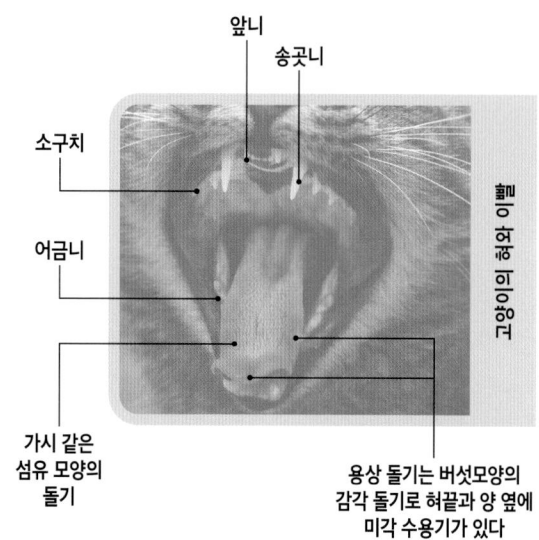

맨 위: 고양이의 입은 날카로운 육식용 이빨과 거친 혀가 있어서 육류 섭취에 적합하다.

아래: 고양이의 두개골은 큰 안와와 크게 벌릴 수 있도록 특화된 턱 등 사냥 능력 향상을 위해 독특하게 적응됐다.

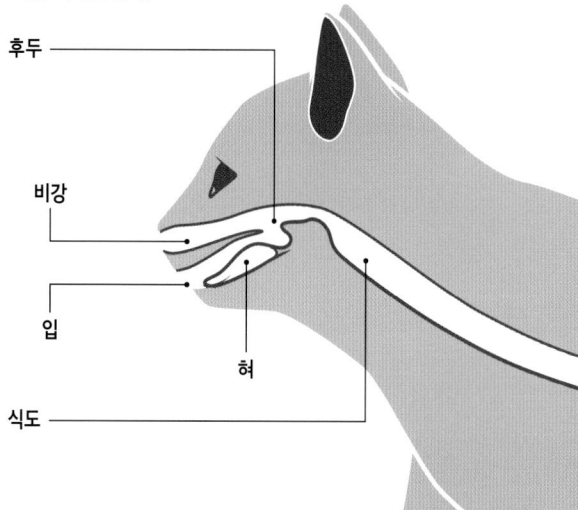

고양이 소화계

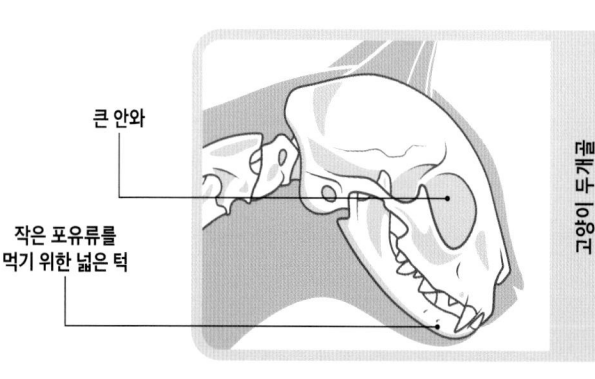

고양이의 소화관은 짧아서 가볍고 빠르게 움직이는 데 도움이 됩니다. 또, 먹잇감 사냥에도 효과적입니다. 고양이는 특정한 비타민과 미네랄을 육류로부터 섭취합니다. 다른 동물과는 달리 고양이는 체내의 다른 영양분을 통해 비타민이나 무기질을 합성할 수 없기 때문입니다. 이와 함께 고용량의 단백질 섭취도 필요합니다. 고양이는 육식성 동물로 채식으로는 생존할 수 없습니다.

한편, 고양이는 털을 소화할 수 없지만, 털을 핥는 그루밍 행동으로 인해 많은 양의 털이 소화관에 쌓이게 됩니다. 이로 인해 고양이가 "헤어볼 고양이의 털이 뭉쳐져 있는 덩어리"을 토하기도 합니다.

위: 고양이는 아주 어렸을 때부터 사냥하는 법을 본능적으로 배우는데, 야생에서 대부분의 사냥감은 작은 포유류와 조류이다.

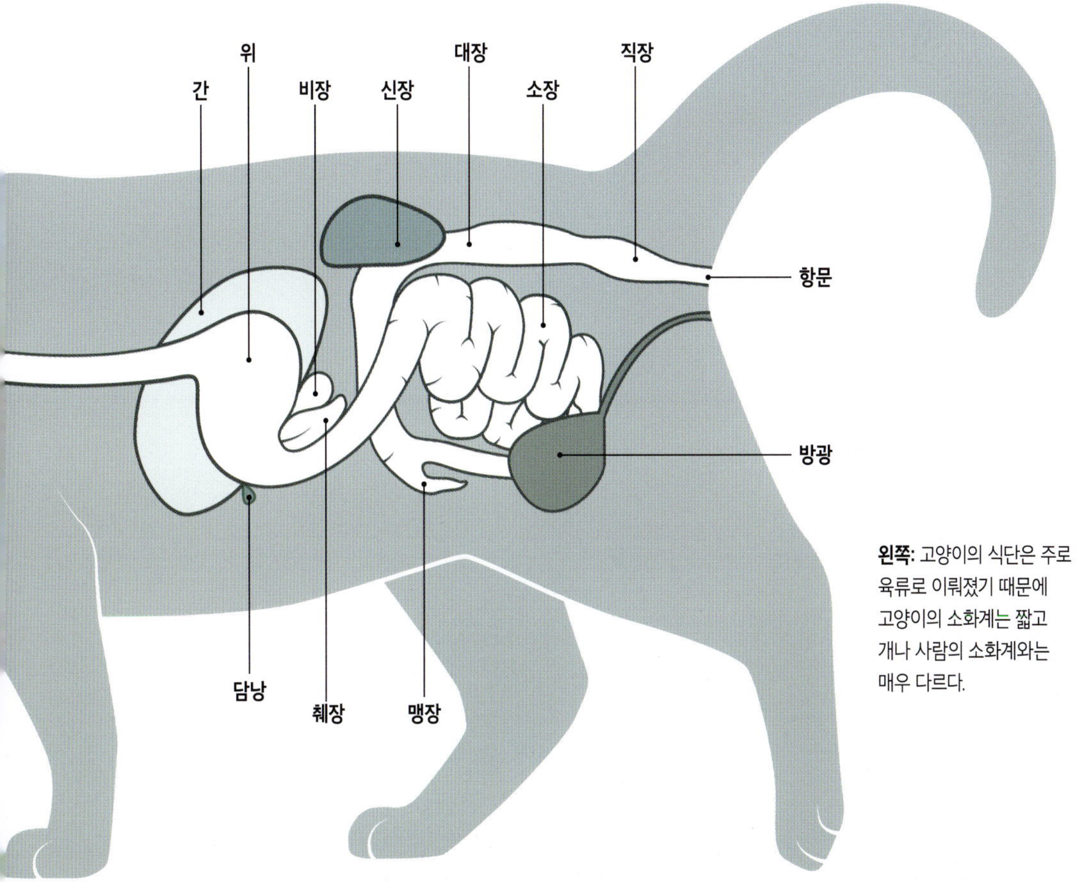

왼쪽: 고양이의 식단은 주로 육류로 이뤄졌기 때문에 고양이의 소화계는 짧고 개나 사람의 소화계와는 매우 다르다.

감각기관

위쪽으로 뻗어 있는 큰 귀는 소리를 효과적으로 들을 수 있습니다. 고양이는 각각의 귀를 개별적으로 움직일 수 있어서 방향을 선택해서 듣는 것이 어느 정도 가능합니다. 또, 귀는 의사소통을 위해서도 중요합니다 (32 페이지 참조).

코 역시 의사소통에 중요한데 고양이는 냄새의 분비를 통해 서로 대화하기 때문입니다. 고양이는 사람보다 훨씬 냄새에 민감합니다. 고양이의 입천장에 있는 야콥슨 기관은 냄새를 분석하는 데 중요한 역할을 합니다.

왼쪽: 균형 유지와 의사소통에 꼬리를 사용한다. 꼬리를 파닥파닥하는 것은 화가 났다는 뜻이지만 약간 구부려진 꼬리 끝은 반갑다는 의미이다.

아래: 고양이는 동공을 크게 확장할 수 있는데 이로 인해 고양이는 어두침침한 곳에서도 사냥감을 잘 잡을 수 있도록 적응했다.

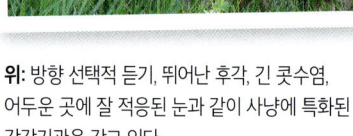

위: 방향 선택적 듣기, 뛰어난 후각, 긴 콧수염, 어두운 곳에 잘 적응된 눈과 같이 사냥에 특화된 감각기관을 갖고 있다.

고양이 동공 확장 밝힘

좁음

반 확장

완전 확장

콧수염은 촉각에 매우 민감하며 공기 흐름이나 움직임의 변화를 판단하는 것뿐 아니라 사물을 파악하는 데도 이용됩니다. 콧수염의 길이는 보통 고양이의 몸체와 너비가 같아서 고양이는 좁은 틈을 통과해서 빠져나갈 수 있을 지를 판단할 수 있습니다. 꼬리의 핵심 기능은 균형을 유지하는 데에 있지만, 의사소통을 위한 수단이기도 합니다.

고양이의 눈은 어두침침한 곳에 잘 적응합니다. 고양이는 동공을 매우 넓게 확장할 수 있으며 망막에는 빛을 안으로 다시 반사하는 얇은 막이 있습니다. 야생에서 고양이는 새벽과 해질 무렵에 가장 활동적이며 여기에 적응하여 어두운 곳에서도 사냥할 수 있습니다.

해부학적 구조 17

고양이의 피부는 선천적으로 늘어진 편이다

위: 늘어진 피부는 싸움에서 자신을 방어하거나 어미가 새끼를 물고 나르는 등 여러 이유로 다양한 부위에서 진화됐다.

생식기

암컷 고양이는 길고 가는 질 위에 항문이 있어서 이 둘의 형태를 뒤에서 보면 세미 콜론(;)과 비슷한 형태입니다. 수컷 고양이는 항문 아래에 2개의 작은 고환이 있습니다. 성기는 고환 아래에 위치합니다. 수컷의 성기는 돌기가 있는데 이것은 교미 중 수컷의 성기가 질에서 빠져나올 때 암컷의 배란을 자극하기 위한 것으로 생각됩니다.

피부

고양이의 피부는 상당히 늘어진 편으로 싸움 상황에서 도움이 됩니다. 특히 목덜미에 해당하는 목 뒷부분에서 많이 늘어져 있는데 어미 고양이가 새끼를 물고 나르는 그 부위입니다. 일부 고양이는 배 아래가 늘어진 주름 모양으로 돼 있는데, 크기가 매우 큰 먹이를 섭취할 때 늘어나는 위를 위한 여분의 공간이 될 뿐 아니라 싸울 때 몸을 보호하는 역할을 하는 것으로 여겨집니다.

중성화 수술을 하지 않은 고양이의 고환

체온 조절

고양이는 체온을 낮추기 위해 입에서 축축한 공기를 발산합니다. 사람과 달리 거의 땀을 흘리지 않습니다. 특별히 높은 온도가 아니면 체온을 낮추기 위해 숨을 가쁘게 쉬는 일도 없습니다. 털을 핥아서 체온을 식힐 수도 있는데 땀을 흘리는 것과 비슷한 체온 조절 행동입니다.

위: 어미 고양이가 새끼 고양이 목 뒤에 늘어진 피부인 목덜미를 물고 있다.

치아 건강

건강한 치아 유지는 반려묘의 건강관리에서 중요합니다. 정기적으로 반려묘의 치아를 검진하고 가능한 어렸을 때부터 양치질 습관을 들이는 것이 좋습니다.

일반적인 치아 위생

사람과 같이 고양이도 치아 질환에 걸릴 수 있으므로 반려묘의 치아 건강에 주의를 기울여야 합니다. 양치질은 치석 형성 및 이로 인한 추후의 건강 문제를 예방하는 최고의 방법입니다. 양치질로 치석이나 감염, 농양, 구취를 예방할 수 있으며 잇몸 건강도 증진됩니다.

더불어 해마다 동물병원에 가서 구강 건강 검진을 받는 것이 좋습니다. 수의사가 반려묘의 치아를 검진한 후 반려묘의 치아 치료를 제안할 수도 있습니다. 치료는 엑스레이 촬영 후 마취 상태에서 진행하는데 치아 질환은 보통 고양이의 잇몸선 아래에서 발생하기 때문입니다. 치아 질환은 고통스러운 병변을 초래하게 되며 치아를 제거해야 할 수도 있습니다.

치과 차트

앞니 / 송곳니 / 어금니 / 소구치 / 어금니 / 소구치 / 송곳니 / 앞니 / 윗니 / 아랫니

오른쪽: 반려묘의 치아를 정기적으로 검진해서 치석 형성이나 치아 질환의 징후를 초기 단계에 발견할 수 있도록 한다.

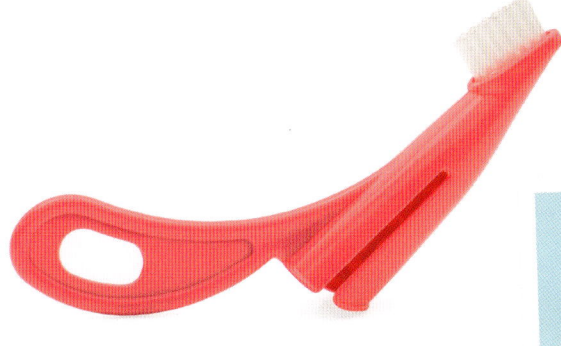

반려묘의 치아 위생

반려묘가 양치질을 싫어하는 경우는 흔합니다. 양치질에 거부감이 없으면 양치질은 치아 건강 유지를 위한 좋은 방법입니다. 반려묘가 어릴 때 양치질을 시작하면 습관을 들이는 데 오래 걸리지 않을 겁니다. 수의사에게 집에서 양치질하는 법을 배우는 것도 좋은 방법입니다. 일부 수의사들은 매일 같은 시간에 양치질하도록 권장합니다.

집에서 양치질하기 위해서는 고양이 전용 치약과 칫솔이 필요합니다. 사람이 사용하는 치약을 쓰는 것은 금물입니다. 고양이에게 해로울 수 있는 화학 성분이 첨가돼 있고 특히 사람과 달리 입에 들어가는 것은 모두 삼키기 때문이죠. 게다가 사람이 사용하는 치약 맛을 좋아하지도 않습니다. 고양이 치약은 고양이가 좋아하는 맛에 맞춰 나옵니다.

칫솔을 고를 때는 크기가 작고 모가 부드러운 것을 찾도록 합니다. 손가락에 끼워서 사용하는 고무 칫솔도 구매 가능하나 물리지 않도록 조심해야 합니다. 한 마리 이상의 고양이를 키운다면 칫솔을 고양이 별로 구매해서 감염의 전파가 발생하지 않도록 합니다.

위: 고양이 칫솔은 모양과 크기가 다양하며 손잡이가 곡선이거나 사람 손가락에 끼워서 사용하는 것도 있다.

오른쪽: 집에서 양치질 습관을 들이는 것은 단계적으로 수행해야 하며 어려서 시작하는 것이 가장 좋다.

양치질 방법

반려묘의 양치질 습관을 들이는 것은 점진적으로 수행해야 하며 서둘러서는 안 됩니다.
다음 순서에 따라 반려묘가 사람 손이 입에 닿는 것에 익숙해지도록 합니다:

1 손가락에 소량의 치약을 묻혀 반려묘에게 줍니다. 이틀 동안 여러 번 반복합니다.

2 고양이가 졸릴 때 머리가 흔들리지 않도록 잘 잡는 연습을 해서 보호자가 양치질 과정에 익숙해지도록 합니다.

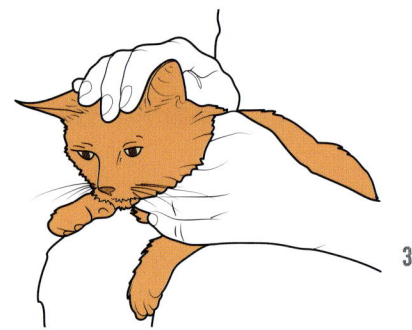

3 고양이의 등이 보호자의 가슴에 닿도록 잡은 뒤 보호자의 손바닥을 반려묘의 머리 윗부분에 놓습니다.

4 엄지와 검지를 이용해 반려묘의 눈 아래 광대뼈 부근을 잡습니다. 조심스럽게 꽉 잡은 후 반려묘의 머리가 위를 향하게 합니다.

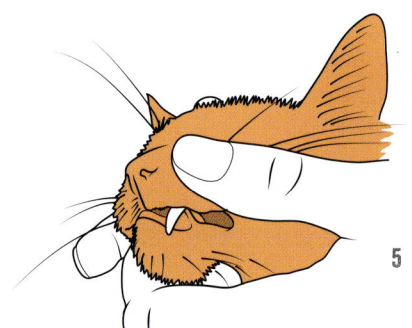

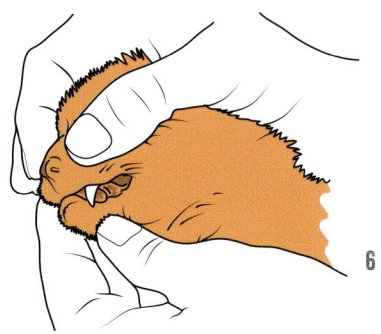

5 엄지를 사용해 조심스럽게 반려묘의 윗입술을 들어 올립니다.

6 다른 쪽 손을 사용해 반려묘의 아랫입술을 살살 들어 올려 반려묘의 치아가 보이게 합니다.

NOTE:

주위에 조력자가 있을 경우 반려묘의 발을 잡게 하면 도움이 됩니다. 보호자 혼자만 있고 반려묘가 계속 꿈틀거리면 수건으로 몸을 감싸는 것도 좋습니다.

처음으로 양치질할 때는 반려묘의 잇몸에 출혈이 있을 수 있으나 좀 더 정기적으로 하면 다음에는 발생하지 않습니다.

칫솔 사용하기

반려묘가 앞의 과정에 익숙해지면 칫솔을 사용하여 양치질을 시작합니다 :

1 치약 약간 양을 칫솔이나 손가락 칫솔에 묻힙니다.

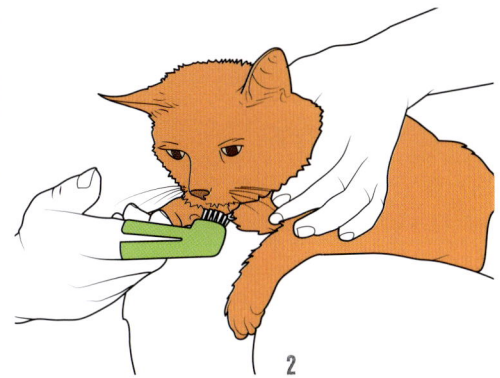

2 동그라미 모양을 그리며 치아에 치약을 문지릅니다.

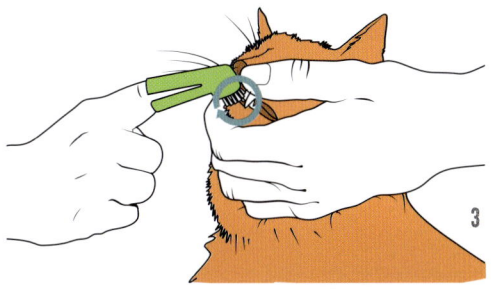

3 어금니부터 시작해서 앞니로 이동합니다.

4 양쪽에 각 40초씩 양치질을 할 수 있을 때까지 점차 양치질 시간을 늘려 갑니다.

7 여러 날 동안 위와 같이 반려묘를 잡고 면봉에 치약을 묻혀 입의 안쪽에서 시작해서 치아에도 발라 줍니다.

맨 왼쪽: 치석 생성의 감소를 위해 양치질과 함께 치과용 껌을 사용할 수 있다.

왼쪽: 구강 청결제는 애완동물 가게나 동물병원에서 구매 가능하다.

왼쪽 아래: 건식 사료는 반려묘의 치아 위생에 도움이 된다.

양치질의 몇 가지 대안

반려묘가 양치질을 참지 못할 경우, 치아 건강을 유지하는 다른 방법들도 있습니다. 식단이 중요한 요인이 될 수 있는데 습식 사료에서 건식 사료로 바꾸거나 두 가지를 섞어서 주는 것이 고양이의 치아에 유익할 수 있습니다. 식단을 바꾸기 전에 바뀐 식단이 반려묘의 건강에 부정적인 영향을 미칠 수 있는지 꼭 수의사와 상의하도록 합니다.

양치질만큼 효과적이지는 않지만, 고양이용 치과 껌을 이용할 수도 있습니다. 치과용 껌은 치아의 치석 생성을 줄이는 데 도움이 됩니다.

고양이에게 구강 청결제 사용하기

애완동물 가게나 동물병원에서는 구강 청결 유지를 위해 클로르헥시딘 (염산염·아세트산염으로 씀) 성분이 함유된 고양이용 구강청결제를 구비하고 있습니다.

끼니마다 또는 수의사의 처방에 따라 매일 입안을 헹궈주세요.

1 치아와 잇몸이 드러나도록 조심스럽게 윗입술을 들어 올립니다(20 페이지 참조).

2 대부분의 구강 청결제는 용기에 노즐이 부착돼 있으며 사용하기 쉽습니다. 잘 조준하여 잇몸선을 따라 꼭 짜서 발라줍니다.

클로르헥시딘 성분의 구강청결제는 빠르게 퍼지고 닿기 어려운 부분에까지 미치며 구강 전체에 걸쳐 작용합니다.

치아 건강 23

오른쪽: 정기적으로 치아 위생 관리를 해주지 못하면 만성 궤양성 치주 구내염CUPS으로 발전할 수 있다.

왼쪽: 치아 질환은 매우 심각한 질병일 수 있다. 구강에 변화를 감지한다면 바로 동물병원에 데려간다.

아래: 빠지고 흔들거리는 치아는 흔한 질병으로 수의사의 검진이 필요하다.

수의사의 검진이 필요할 때

반려묘의 치아나 잇몸에 이상이 없도록 매달 구강 검진을 해야 합니다. 다음 중 발견되는 징후가 있다면 동물병원에 데려가도록 하세요:

- 침 흘림
- 구취
- 농양
- 잇몸이 빨갛고 부었거나 피가 나올 경우
- 먹을 때 통증
- 식욕 감소
- 입 주위를 헛발질할 때
- 치아가 흔들리고 빠지고 깨지거나 결손이 있을 때
- 병변
- 침에서 피가 나오거나 콧물을 흘릴 때

발톱 손질하기

반려묘가 외출묘라면 발톱을 자르지 않아도 됩니다. 외출묘는 오르기나 방어를 위해 발톱이 필요합니다. 외출묘의 경우 야외에서 달리거나 표면이 거친 곳을 오르는 활동을 하기 때문에 발톱이 마구 자랄 일은 없습니다.

실내에서 생활하는 반려묘의 경우에는 발톱을 잘라야 합니다. 실내묘는 가구에 흠집을 내거나 보호자에게 상처를 입힐 수 있습니다. 노령묘의 발톱이 너무 자랐을 때는 반려묘가 힘들어하며 감염을 일으킬 수도 있습니다.

반려묘의 발톱을 다듬어 줘야 겠다는 생각이 들 때는 먼저 동물병원을 찾아가 안전한 방법을 보고 배우도록 합니다. 수의사에게 반려묘 발톱 정리를 부탁할 수도 있는데 보호자가 발톱 자르기에 익숙하지 않다면 최고의 선택입니다.

왼쪽과 오른쪽: 스크래쳐 기둥은 특히 실내 생활만 하는 고양이라면 가구에 흠집을 내지 않고 타고난 행동 습관을 발휘할 수 있는 좋은 방법이다.

NOTE:
보통 앞발의 발톱만 손질하면 되지만, 반려묘가 나이가 들면 앞발 뿐만 아니라 뒷발의 발톱도 관리해야 합니다.

발톱 다듬는 법

다음 순서대로 실내묘의 발톱을 자릅니다:

1 반려묘가 편안하거나 졸릴 때까지 기다립니다.

2 방의 밝기가 충분한지 확인합니다.

3 반려묘를 무릎에 놓고 보호자와 마주 보지 않게 합니다.

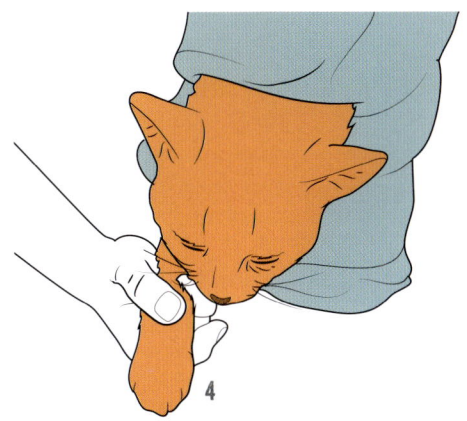

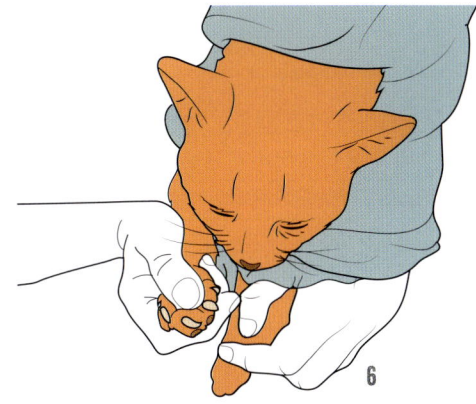

4 반려묘가 가만히 있지 않으면 수건으로 몸을 감싼 후 한 번에 한쪽 발만 내놓습니다.

5 각 발톱을 하나씩 나오게 합니다. 발의 한쪽부터 시작해서 발톱이 나올 때까지 위와 아래쪽을 살살 누릅니다.

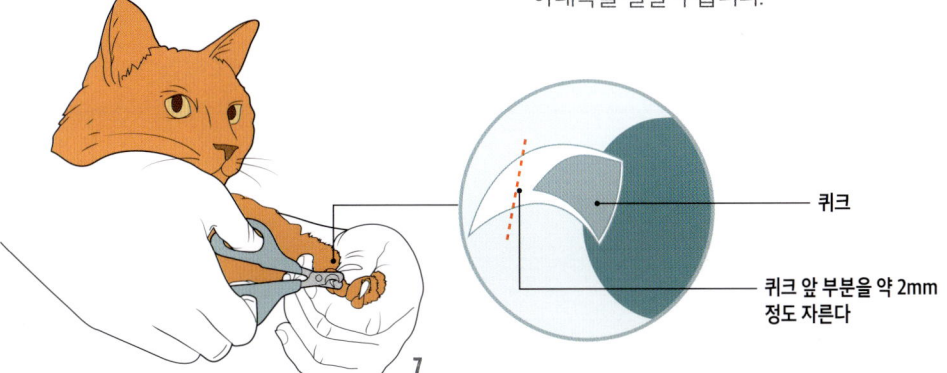

퀴크

퀴크 앞 부분을 약 2mm 정도 자른다

6 퀴크(발톱 중앙을 흐르는 혈관)는 자르지 않도록 매우 조심하며 집에서 사용하는 발톱 깎이나 고양이용 가위를 사용하여 투명한 발톱 끝만 조금 자릅니다.

7 반려묘가 힘들거나 불안해하면 이후에 다시 시도합니다.

예방접종

예방접종은 반려묘의 건강에 중요합니다. 필수 예방접종으로 위험하고 치명적일 수 있는 고양이의 질병을 예방할 수 있다는 것은 과학적으로도 입증됐습니다.

새끼 고양이는 보통 생후 약 9주, 그 다음에는 12주에 통상질환에 대한 예방접종을 받습니다. 초기 예방 접종 이후에는 예방접종을 위해 약 1년에 한 번 동물병원에 가면 됩니다. 반려묘가 한 번도 예방접종을 하지 않았거나 15개월 이상 예방접종을 하지 않았다면 반려묘에게 어떤 예방접종이 필요한지 수의사와 상의하는 것이 좋습니다.

초기 예방접종으로 고양이 감염성 장염, 고양이 하피스 바이러스, 고양이 칼리시 바이러스, 고양이 클라미디아증, 고양이 백혈병 바이러스, 광견병을 예방할 수 있습니다.

새끼 고양이가 2차 예방접종 후 아직 10일이 지나지 않았다면 집 밖으로 내보내서는 안 됩니다.

아래: 성묘는 처음 9주, 12주 접종 이후에는 1년에 한 번 접종 예약을 하고 동물병원을 방문해야 한다.

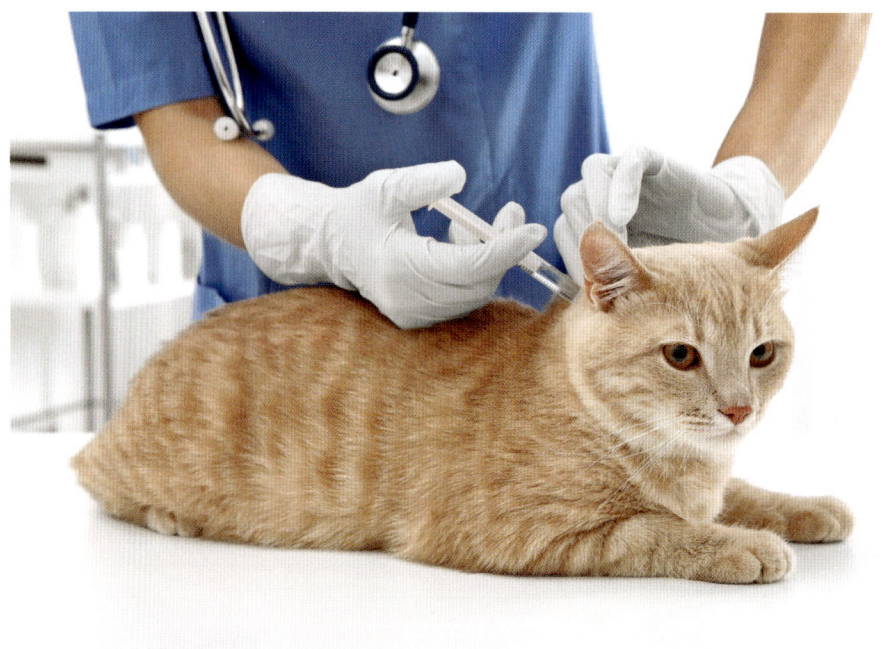

고양이 하피스 바이러스
고양이 감염성 장염
고양이 백혈병 바이러스
고양이 클라미디아증
고양이 칼리시 바이러스
광견병

왼쪽: 대부분의 새끼 고양이는 생후 12주 동안 6개의 중증 질병에 대한 예방접종을 하고 평생 동안 추가 접종이 필요하다.

아래: EU 같은 일부 나라에서는 공식적인 반려동물 여권이 있다. 미국에서 반려동물 여권은 목적지 국가에서 요구하는 건강 진단서를 의미하는 데 광견병 예방접종 기록이 포함된다.

예방접종의 위험성

예방접종과 관련된 위험은 매우 작지만 예방접종의 유익함은 낮은 문제 발생률에 비해 훨씬 더 큽니다. 고양이가 사전 병력이 있을 때와 같이 매우 드문 사례에서, 예방접종 때 주사 맞은 자리에 종양이나 면역 질환이 발생하기도 합니다.

예방접종 후 반려묘가 허약감, 열, 구토, 설사 증상 등을 보이면, 동물병원으로 데려가야 합니다.

해외여행

반려묘를 해외에 데려갈 때 일부 국가에서 법적으로 요구하는 "반려동물 여권"을 취득하기 위해 추가 접종이 필요할 수 있습니다. 반려묘를 해외에 데려갈 계획이 있다면 여행에 앞서 최소 6개월 전에 동물병원을 방문하여 추가 접종을 위한 시간을 확보하는 것이 좋습니다.

정신적 자극

사람과 마찬가지로 고양이 역시 건강을 유지하기 위해서는 정신적인 자극이 필요합니다. 실내에서만 생활하는 고양이에게는 특히 더 중요한데 실내묘는 모든 타고난 행동 습관을 집안에서 발휘할 수 없기 때문입니다.

야생에서 고양이는 먹이를 잡기 위해 일해야 합니다. 고양이는 사냥감을 찾아야 하기 때문에 하루의 많은 시간을 사냥하는 데 소비합니다. 이런 활동은 그릇에 담긴 음식이 하루에도 두 세번 주어지는 일반적인 실내묘의 생활과는 대조적입니다. 어떻게 하면, 바깥에서 놀 수 없는 반려묘가 충분한 심리적 자극을 얻을 수 있게 할 수 있을까요? 심리적으로 도전이 되는 간단한 과제를 이용해서 호기심 많은 고양이를 실내에서도 별 탈 없이 키울 수 있습니다.

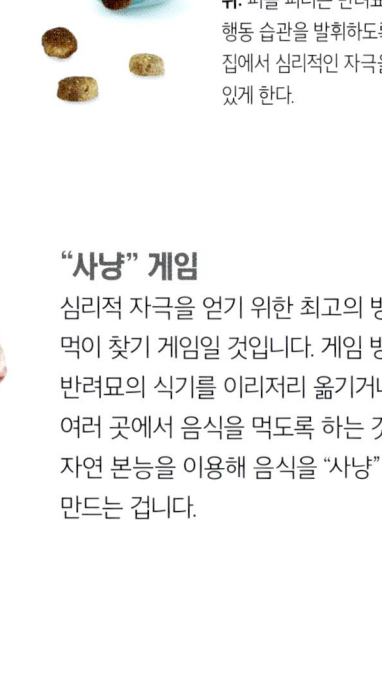

위: 퍼즐 피더는 반려묘가 타고난 행동 습관을 발휘하도록 하며 집에서 심리적인 자극을 받을 수 있게 한다.

"사냥" 게임

심리적 자극을 얻기 위한 최고의 방법은 먹이 찾기 게임일 것입니다. 게임 방법은 반려묘의 식기를 이리저리 옮기거나 집 주위 여러 곳에서 음식을 먹도록 하는 것입니다. 자연 본능을 이용해 음식을 "사냥" 하도록 만드는 겁니다.

왼쪽: 저녁 시간을 사냥게임으로 전환하는 것은 반려묘의 웰빙에 긍정적인 효과를 미치는데 바깥을 마음대로 돌아다니는 반려묘가 아닌 실내묘의 경우에는 더욱 그렇다.

퍼즐 피더 만들기

건식 사료를 퍼즐 피더에 숨겨 반려묘가 음식을 쫓아 열심히 움직이게 만들 수 있습니다. 애완동물 가게에 엄청나게 많은 종류의 퍼즐 피더가 나와 있지만, 집에서 직접 만드는 것도 가능합니다.

오른쪽: 애완동물 가게에서 갖가지 퍼즐 피더를 구할 수 있는데 퍼즐 피더에는 쉽게 닿기 힘든 곳에 건식 사료가 끼워져 있다.

1 화장실 휴지 심에 건식 사료를 조금 넣고 심 안에 구멍을 내서 사료가 조금씩 밖으로 나올 수 있게 합니다.

2 심 양쪽을 막은 뒤 반려묘에게 주면 모든 사료가 밖으로 나올 때까지 가지고 놀 겁니다.

NOTE:
반려묘가 발톱으로 꺼낼 수 있는 용기에 건식 사료를 넣어서 비슷한 장난감을 만들 수 있습니다.

간단한 놀이

종이 박스는 고양이의 최고의 친구이며 음식 숨기기에 편한 도구일 뿐 아니라 오락거리도 제공합니다. 반려묘는 별다른 도움 없이도 종이 박스를 갖고 놀 방법을 찾아낼 겁니다. 혹시 자극이 필요할 경우에는 장난감을 상자 안으로 넣어 주거나, 지팡이, 줄이나 깃털이 달린 막대를 이용해서 반려묘가 상자 안팎으로 뛰어들게 할 수 있습니다. 기억해야 할 점은 놀이의 끝에 가서는 장난감을 잡게 해줘야 합니다. 하루 종일 장난감을 쫓아다니기만 하고 잡지 못한다면 재미있는 놀이라고 할 수 없겠죠.

레이저 포인터를 사용하는 것 역시 반려묘를 움직이게 하고 보호자와 같이 놀 수 있는 좋은 방법입니다. 고양이의 눈에 레이저 빔을 쏘는 일은 절대 없도록 하고 마지막에는 다른 장난감이나 간식을 주도록 합니다. 레이저 빔 놀이에는 고양이가 실제로 잡을 수 있는 것이 없으니까요.

위: 고양이는 레이저 빔을 쫓아다닌다. 이 값싼 도구를 이용하여 보호자는 적은 노력으로 고양이를 움직이게 할 수 있다.

왼쪽: 종이 박스 한 개로 반려묘는 몇 시간이나 재미있게 놀 수 있다. 상자는 고양이가 집에서 놀 수 있는 훌륭한 소품이다.

노령묘에게 새로운 재주 가르치기

반려묘에게 재주를 가르치거나 물건 물고 오기를 시킬 수 있습니다. 통념과는 달리 개와 마찬가지로 고양이에게도 재주를 가르칠 수 있습니다. 고양이는 영리한 동물로 간식이나 칭찬 같은 보상을 얻기 위해 앉거나 구르기 등을 배우려 합니다. 보상을 이용해서 장난감이나 작게 말은 신문지 물고 오기도 가르칠 수 있습니다. 반려묘 훈련은 36 페이지를 참조하세요.

스크래쳐 기둥은 반려묘의 놀이 욕구를 자극할 수 있습니다. 숨을 수 있는 다양한 높이의 계단과 장소가 있는 형태라면 훨씬 더 효과적입니다. 기존의 캣 타워가 있지만 반려묘가 더 이상 흥미를 보이지 않는다면 계단의 다른 층과 같은 다른 장소로 옮겨 보세요. 반려묘에게는 기존의 캣 타워가 새로운 장난감으로 보이며 다시 가지고 놀고 싶게 됩니다.

이런 게임은 반려묘의 웰빙에 도움이 됩니다. 몸도 건강해지며 보호자와 반려묘 간의 관계도 좋아집니다.

왼쪽: 신체 활동, 심리적 자극, 보호자와의 유대를 촉진하기 위해 반려묘가 장난감을 가지고 놀도록 격려한다.

위: 스크래쳐 기둥이 있고 높이가 다양하며 숨바꼭질도 가능한 정교한 캣 타워는 반려묘의 놀이 욕구를 자극하는 훌륭한 도구이다.

행동 이해하기

반려묘와 효과적으로 의사소통 할 수 없기 때문에 보호자는 힘들 수 있습니다. 고양이는 다양한 감정을 갖고 있고 이것을 이해할 수 있다면 반려묘와 더 좋은 관계를 유지할 수 있습니다. 다행히도 반려묘의 여러 바디 랭귀지를 통해 많은 것을 알 수 있고, 이런 미묘한 움직임을 이해할 수 있게 되면 의사소통에서의 어려움을 극복할 수 있습니다.

편안한 고양이

누워서 가만히 있을 때는 배를 드러내 놓거나 기지개를 크게 켜기도 합니다. 앉아 있을 때는 편안한 표정으로 꼬리를 길게 쭉 펴서 늘어뜨려 놓습니다.

불안함

불안한 고양이는 몸을 숨깁니다. 반려묘가 근육이 긴장된 채 웅크린 자세로 있다면 불안한 겁니다. 귀는 이리저리 움직이거나 옆을 향하며 머리는 낮게 숙여 몸 쪽으로 파묻습니다. 눈은 크게 뜨며 동공은 확대돼 있습니다. 반려묘는 불안할 때 꼬리를 몸 쪽으로 끌어당긴 채 꼼짝 않고 있습니다. 꼬리 끝을 좌우로 천천히 움직일 수도 있습니다.

편안함

반려묘가 행복한지 어떻게 알 수 있을까요? 자세가 어떠한 지와 상관없이 반려묘가 행복하면, 긴장을 풀고 편안해 보입니다. 서 있는 자세에서는 느긋한 자세를 취하며 꼬리는 가만히 두거나 끝을 약간 구부린 채 위로 똑바로 세웁니다. 몸이 서 있든 앉거나 누워있든 상관없이 귀는 원래의 위치에 자연스럽게 있습니다. 즉, 똑바로 세워서 앞을 향하고 있습니다 (주위의 소리에 귀를 기울이고 있다면 귀를 움직일 수 있음). 눈은 천천히 깜빡이거나 반쯤 감겨 있고 콧수염도 이완되어 있습니다. 반려묘가

머리를 낮게 숙임
귀는 양 옆을 향함
꼬리 끝을 좌우로 움직임
몸을 웅크리며 긴장돼 있음
동공이 확대됨

불안한 고양이

겁먹은 고양이

- 몸을 구부리며 털이 서 있음
- 귀는 납작하게 뒤로 젖혀짐
- 눈은 깜빡이지 않고 동공이 확대됨
- 콧수염을 웅긋쭝긋함
- 웅크린 채 가만히 있음
- 꼬리를 몸 아래로 숨김

화난 고양이

겁먹음

반려묘가 겁먹었음을 알리는 바디 랭귀지는 불안할 때의 신호보다 훨씬 알기 쉽습니다. 겁이 났을 때는 도망가거나, 서 있거나, 꼼짝하지 않고 웅크리고 있습니다. 하악질을 하거나 으르렁 소리를 낼 수 있고 공격하는 위협을 보일 수도 있습니다. 경계하는 자세를 취하며 등을 둥글게 구부리고 털끝을 세워 몸이 커 보이게 합니다. 꼬리를 몸 아래로 감추거나 좌우로 맹렬하게 움직일 수도 있죠. 얼굴 부위의 신호로는 크게 뜬 채 깜빡이지 않는 눈과 확장된 동공이 있습니다. 콧수염은 눈과 얼굴 양 옆으로 쫙 펴져 움찔거리고, 귀는 머리에 납작하게 붙은 채 뒤로 접혀집니다.

화남

화난 고양이의 신호는 겁먹은 고양이의 신호와는 다릅니다. 차이를 알아차리고 대처법을 아는 것이 중요합니다. 반려묘가 화난 행동을 보일 때는 가까이 가지 않는 것이 최선입니다. 안정시키거나 도발하려 하지 말고 진정될 때까지 멀리 떨어져 계세요. 반려묘가 화가 났을 때는 자세가 경직돼 있고 등을 구부려 몸을 부풀리며 앞 다리를 곧게 펴서 털끝을 세웁니다. 웅크리거나 서서 꼬리는 몸 아래로 말거나 뻣뻣하게 똑바로 세우죠. 눈을 크게 뜬 채 깜빡이지 않으나 동공이 가늘어집니다. 시선은 집중하고 있는 것처럼 보이고요. 귀는 머리에 납작하게 붙인 채 뒤로 젖힙니다. 콧수염이 얼굴 양옆으로 뻣뻣하게 서 있는 것을 알아볼 수 있을 겁니다. 화났을 때 반려묘는 평소와는 다르게 행동하며 하악질을 하고 침을 뱉거나 으르렁거릴 수 있습니다. 그렇다고 화난 고양이가 모두 이런 소리를 내는 것은 아닙니다. 매우 집중한 채 가만히 있는 고양이도 있습니다.

소리 해석하기

새끼 고양이는 어미에게 야옹 소리를 내지만 성묘가 다른 고양이에게 야옹 소리를 내는 일은 없습니다. 야옹거리는 것은 집에서 키우는 고양이가 사람과 소통하는 수단으로 발달됐습니다. 여러분은 반려묘가 매우 다양하게 "야옹" 거리는 것을 들어봤을 텐데 이것은 모두 의미가 다릅니다. 어떤 고양이는 다른 고양이보다 훨씬 더 많은 소리를 내며 일생 동안 고양이가 내는 소리의 양은 다양합니다. 고양이가 수다스럽든 조용하든 고양이의 음성 소통법을 이해하면 도움이 됩니다.

음식을 요청하는 야옹 소리

보통 야옹 소리
가장 자주 듣는 야옹 소리입니다. 중간 길이에 중간 음으로 이러한 야옹은 보통 무엇을 요청할 때 내는 소리입니다. 반려묘가 원하는 것이 있다는 뜻이며 요청사항은 상황에 따라 파악할 수 있습니다. 예를 들면 음식을 달라거나 밖에 나가게 해 달라 등입니다.

짧고 빠른 야옹 소리
짧은 야옹은 반려묘가 "안녕" 하고 인사하는 소리입니다.

여러 번 하는 야옹 소리
한 번에 몇 번씩 하는 야옹은 보통 무엇에 흥분했거나 관심을 받고 싶다는 의미입니다.

길고 오래 끄는 야옹 소리
보통 야옹 소리와 마찬가지로 길고 좀 더 오래 끄는 야옹은 원하는 것이 있다는 뜻입니다. 아침이나 저녁을 먹을 시간임을 알리는 소리일 수 있습니다.

높은 음의 야옹 소리
평상시 보다 뚜렷하게 높은 음의 야옹 소리는 무엇에 깜짝 놀랐거나 다쳤다는 의미입니다.

관심을 끌기 위한 야옹 소리

저음의 야옹 소리
평상시보다 더 낮은 음의 야옹 소리는 불평의 뜻으로 해석할 수 있습니다. 원하는 것을 해주지 않은 것에 대해 투덜거리는 것일 수 있습니다.

으르렁, 하악질, 침 뱉기
으르렁거리고 하악질을 하고 침을 뱉는다면 화가 났거나 겁을 먹은 겁니다. 하악질은 공격을 할 수 있다는 경고로 보통 다른 동물을 대상으로 합니다. 여러분이 다가갈 때 으르렁거리고 하악질 하거나 침을 뱉는다면 어딘가 아픈 것일 수 있으므로 병원에 데려가서 검진을 받도록 하세요.

골골거리기
보통 골골거리는 것은 행복하다는 뜻입니다. 골골거리기는 반려묘가 편안하고 만족스럽다는 표시입니다. 반대로 골골거리는 것이 아프거나 어디가 안 좋다는 신호일 수도 있습니다. 혼자 앉아 있거나 웅크려 있으면서 골골거리는 등 평상 시와 다른 상황에서 골골 소리를 낸다면 병원에 데려가서 검진을 받도록 합니다.

불평하는 야옹

울부짖기
고양이는 가끔 하울링을 하는 데 "발정기 고양이소리"로 알려진 울부짖는 소리입니다. 명백하게 누군가를 부르는 듯한 이 소리는 보통 암컷일 경우 이웃의 수컷에게 자신이 발정기임을 알리고 싶다는 뜻입니다. 암컷과 수컷 모두 울부짖기는 치매의 초기 신호가 될 수도 있습니다.

처핑과 트릴링
일부 고양이가 내는 처핑은 야옹 만큼 흔하지는 않으며 그 정확한 의미는 알려지지 않았습니다. 고양이가 처핑 소리를 내는 것은 사람에게 자신을 따라오라고 하거나 새나 주위의 다른 사냥감을 발견하고 흥분해서 내는 소리인 것으로 추정됩니다.

새를 보고 하는 처핑

반려묘 훈련 시키기

반려묘를 훈련시키는 다양한 방법이 있습니다. 새끼였을 때 훈련을 시작하는 것이 가장 좋고, 가르치기에 최적의 시기는 생후 8주부터 13주 사이입니다.

제일 먼저 새끼 고양이가 아직 어린 동안 사회적 기술을 키워야 합니다. 이를 위해서 새끼 고양이가 어린이를 포함해 다양한 사람들과 많이 접촉하도록 하세요. 이 단계에서 반려묘를 캐리어에 들어가거나 차에 타는 것에 익숙해지게 합니다.

일단 기본적인 사회 기술을 익혔으면 다른 것들을 배우도록 훈련을 시작할 수 있습니다. 모든 연령의 고양이가 가능하지만 어린 고양이일수록 더 빨리 배울 수 있습니다. 자기 이름 알기부터 화장실 사용법, 스크래쳐 기둥 사용법까지 매우 다양한 행동을 하도록 가르칠 수 있습니다. 최종적인 목표가 무엇이든 간에 훈련의 기본적인 원칙은 같습니다. 훈련 과정 동안 고양이가 부적 강화에는 반응하지 않는다는 것을 기억하세요. 고양이의 학습을 위해서는 언제나 긍정 강화가 최선의 선택입니다.

위와 아래: 화장실 사용이나 캐리어 들어가기는 어릴 때 가르치기가 제일 쉽다.

화장실 훈련

> **NOTE:**
> 고양이 훈련은 시간이 걸리며 보호자에게 많은 인내가 요구된다는 것을 잊지 마세요. 좋은 행동에 대해 지속해서 상을 준다면 고양이는 터득할 겁니다. 절대 반려묘에게 벌을 주면 안 됩니다. 뭔가 잘못 했을 때는 (공격적으로 문 경우) 단호하게 "안돼" 라고 말하고 반려묘로부터 멀리 떨어지세요. 얌전하게 논 것에 대해서는 상을 주세요. 혼란을 주지 않기 위해 한 번에 한 가지 기술만 가르치고, 훈련 과정에서 고양이에게 주어지는 단서와 보상이 일치하게 합니다.

반려묘를 위한 훈련 계획 개발

고양이는 영리한 동물로 개와 거의 같은 방법으로 특정 행동을 훈련시킬 수 있습니다. 목표 행동을 결정했으면 다음의 네 가지 순서에 따릅니다.

1 훈련시킬 행동과 말로 된 신호(언어 신호)를 확실하게 결정합니다. 자기 이름을 알도록 가르치고 싶다면 반려묘의 이름이 신호가 됩니다. 앉는 것을 가르친다면 "앉아"를 신호로 사용합니다. 신호를 말할 때는 반드시 분명하게 말하도록 합니다.

2 신호에 반응하면 맛있는 간식을 줘서 그 행동을 강화합니다. 말로도 칭찬할 수 있으며 가볍게 토닥이거나 놀이 같은 관심의 형태로 행동을 강화할 수도 있습니다.

3 이름을 부를 때마다 간식을 주기는 어려우므로 클리커를 사용하는 것이 유용합니다. 보상할 때마다 동시에 클리커를 클릭합니다. 이런 식으로 반려묘는 클리커 소리와 보상을 연결합니다. 나중에는 클리커를 단독 보상으로 사용할 수 있게 됩니다. 간식은 매번이 아니라 가끔 주도록 합니다.

4 이 과정을 매일 10분 동안 지속합니다. 반려묘가 신호에 반응할 때마다 상을 줍니다. 스크래쳐 기둥 사용 훈련을 한다면 기둥을 건드릴 때마다 상을 줍니다. 실제 스크래치를 했거나 하지 않았느냐와는 상관이 없이 상을 주도록 합니다. 눕기 훈련을 할 때는 앉을 때부터 상을 주는 것으로 시작합니다. 일단 앉기를 터득하면 단계적으로 앉기에 대한 보상을 멈추고 바닥에 낮게 닿는 것에 상을 주기 시작합니다.

위와 왼쪽: 고양이 훈련을 위한 최고의 방법은 관심이나 음식으로 긍정 강화를 하는 것이다. 이후에는 훈련 기간에 강화 방법의 일환으로 클리커를 사용할 수 있다.

식단

영양분은 반려묘의 건강에 매우 중요합니다. 반려묘의 식단으로 다양한 음식을 선택할 수 있습니다. 어떤 제품이 적합한지 어떻게 알 수 있을까요?

식단에는 반려묘를 위한 필수 성분들이 포함되어야 합니다. 야생에서 고양이는 육식성 동물이므로 반려묘의 식단에 육류 제품에 포함되는 영양분이 필요합니다. 고양이는 많은 양의 단백질과 약간의 지방을 섭취하며 탄수화물은 거의 먹지 않습니다. 필수 영양 성분은 고양이가 사육된 이래 거의 변하지 않았고 핵심적인 다수의 영양분이 식단에 첨가돼야 합니다.

새끼 고양이의 건강식은 성묘와 달라서 연령별로 특화된 사료를 먹어야 합니다. 새끼에게 습식과 건식을 함께 먹인다면 성장하면서 두 사료 모두를 먹을 가능성이 큽니다. 노령묘 역시 별도의 건강식을 줘야 하지만 식단에 관해 수의사가 따로 조언한 것이 없으면 식단을 바꿀 필요는 없습니다.

고양이에게 무엇을 먹여야 하나?

고양이 사료 제품은 보통 습식 사료, 반습식 사료, 건식 사료의 3종류로 나뉩니다. 슈퍼마켓의 진열대에 있는 모든 동물 사료는 관계 기관의 인가를 받은 제품으로 동물에게 필요한 필수 영양분이 들어가 있습니다. 성분표에 기재된 성분을 확인해서 사료들을 비교할 수 있습니다. 반려묘를 위해 성분표의 첫 번째 항목이 육류, 해산물, 육류 제품으로 기재된 고양이용 사료를 구매해야 합니다.

1-7세의 어린 고양이
완벽한 건강 유지를 위해 어린 고양이는 균형 잡힌 식단이 필요하다. 식단에는 치아, 뼈, 눈의 건강을 지키고 양호한 비율의 신진대사와 성장을 유지하기 위해 충분한 비타민과 미네랄이 포함돼야 한다

4주- 4개월의 새끼 고양이
새끼 고양이는 아주 빠른 속도로 자라기 때문에 뛰어난 근육 상태, 윤기 있는 털, 건강한 피부와 뼈, 좋은 시력 유지를 위해 소량의 정기적이고 균형 있는 식단이 빠져서는 안 된다

건식 사료

습식 사료

혼합 사료

7세 이상의 노령묘
노령묘의 사료는 소화하기 쉽고 면역체계와 관절을 지탱하기 위해 필요한 영양분들이 포함돼야 한다

왼쪽: 식단은 기호, 건강 요건, 연령대 별로 필요한 특정 요구 사항에 맞춰 전 생애에 걸쳐 조정돼야 한다.

NOTE:

습식, 반습식, 건식의 선택은 보호자의 기호와 무관하게 반려묘의 생애 주기와 기호에 맞춰야 합니다. 어떤 고양이는 건식을, 다른 고양이는 습식을, 또 일부 고양이는 혼합식을 좋아할 수 있습니다.

습식 사료

습식 사료 라고 부르는 이 사료

습식 사료는 보통 캔이나 파우치로 나오며 영양분과 수분 섭취를 위한 좋은 재료입니다. 대부분 고양이가 습식 사료 맛을 좋아하고 습식 사료는 가장 고품질의 육류 사료입니다. 습식 사료는 맛이 매우 다양하며 미개봉 시에는 장기간 보관이 가능합니다. 개봉한 습식 사료는 냉장고에 보관하며 하루나 이틀 내에 먹이도록 합니다.

반습식 사료

반습식 사료는 대부분 육류와 육류 제품을 다른 곡류 성분과 혼합해서 만듭니다. 보통 습식 사료 보다는 싸지만 건식 사료 보다는 비쌉니다. 일부 고양이는 습식보다 반습식을 더 좋아하기도 합니다.

반습식 사료

건식 사료

건식 혹은 알갱이 사료는 보통 건조한 한입 크기의 사료를 말합니다. 이런 제품은 통상 습식 사료 종류보다 저렴하고 오래 먹일 수 있는데 유통기간 만료 전까지 수개월 동안 보관 가능합니다. 그러나 건식 사료는 고양이가 별로 맛있어 하지 않고 소화도 더 어려울 수 있습니다. 더불어 건식 사료는 고양이 식단에 이상적인 것보다 많은 양의 탄수화물이 포함돼 있습니다. 건식 사료는 서늘하고 습기 없는 곳에 밀봉해서 보관해야 합니다.

맨 위, 왼쪽 및 아래: 고양이 사료는 3가지 형태로 주로 나오고 보호자의 기호와 관계없이 건식, 습식, 혼합식의 선택은 반려묘의 연령과 건강, 기호에 따라야 한다.

건식 사료

위: 씹을 수 있는 고양이 간식

위: 반려묘의 올바른 영양분 섭취를 위해 반려동물 사료 기준에 부합하는 고품질의 기성품 사료를 구매하는 것이 제일 좋다.

가정식 사료

사료를 직접 만드는 것은 권장하지 않습니다. 만드는 데 시간이 많이 들고 반려묘의 건강에 필수적인 적합한 양의 영양분을 포함하는지 확신하기 어렵기 때문입니다. 반려묘에게 가정식 식단을 먹이고자 할 경우 수의사와 먼저 상의해 보도록 하세요.

간식

동물사료 시장에는 다수의 고양이 간식 제품도 판매하고 있습니다. 간식은 균형 있는 식단의 일부로 간헐적으로 제공돼야 하며 총 칼로리 섭취량의 15%를 넘어서는 안 됩니다.

반려묘에게 위험한 음식

반려묘의 건강을 유지하기 위해서는 고양이 사료만 먹이는 것이 제일 좋습니다. 반려묘의 간식은 사람의 음식 부스러기가 아닌 고양이 전용 간식으로 줘야 합니다. 여러분이 이 조언을 따른다고 해도 반려묘가 여러분의 음식을 빼앗아 먹으려 할 때가 있을 겁니다. 반려묘가 다음의 음식들을 먹지 않도록 조심하세요.

- 양파와 마늘
- 날달걀
- 유제품 (우유 포함)
- 포도와 건포도
- 알코올 (밀가루 생반죽도 포함되는 데 고양이 위 속에 들어가면 알코올이 발생할 수 있음)
- 초콜릿과 카페인
- 마카다미아 땅콩
- 설탕과 감미료
- 과일의 단단한 부분이나 씨
- 토마토
- 버섯
- 뼈에 붙은 닭고기

NOTE:

반려묘가 독성이 있는 음식을 먹은 것으로 의심될 경우에 대한 지침은 161 페이지를 참조합니다.

반려묘는 젖당을 분해할 수 없으므로 절대로 우유나 크림을 간식으로 주지 마세요.

 중독 158 페이지

내 고양이가 과체중일까?

비만은 노령묘에게 특히 큰 문제로 많은 보호자가 반려묘의 과체중을 알아채지 못합니다. 비만은 사람과 마찬가지로 고양이의 건강에도 심각한 부정적인 영향을 끼칩니다. 과체중 고양이는 그루밍 같은 일상적인 행동을 할 수 없어서 피부 질환이나 요로 감염증에 걸릴 수 있습니다. 비만은 다른 여러 질환들과 함께 당뇨병, 관절 질환, 관절염 등에 걸릴 가능성을 높입니다.

그렇다면 반려묘가 과체중인지 어떻게 알 수 있을까요? 한 가지 방법은 흉곽을 만져보는 것입니다. 흉곽 주위의 살집이 사람 손바닥 두께보다 두꺼우면 안 됩니다. 흉곽이 잘 만져지지 않는다면 과체중일 수 있습니다.

사람과 마찬가지로 반려묘의 몸무게 증가 원인은 보통 지나친 음식 섭취와 운동 부족입니다.
고양이는 나이 들어가면서 신진대사가 느려지고 활동량은 적어지므로 식단도 이에 맞춰 변경해야 합니다. 연령에 맞는 적절한 양의 운동을 하는 것이 중요합니다. 일반적으로 덜 활동적인 실내묘가 과체중이 될 가능성이 더 높습니다.

반려묘가 과체중인 것 같으면 동물병원에 데려가는 것이 가장 상책입니다. 수의사가 반려묘에게 건강 문제가 없는지 검진하고 보호자와 함께 체중 관리 계획을 짜는 데 일조할 것입니다.

위: 비만은 고양이에게 흔한 건강 문제로 반려묘가 광범위한 영역에서 심각한 질병에 걸릴 가능성을 높인다.

정상과 비만 : 크기 비교표

수의사는 반려묘의 신체 충실 지수를 측정하여 몸무게를 조절하거나 유지하는 데 도움을 줄 수 있습니다. 집에서 반려묘가 서 있을 때 위에서 내려다보며 엉덩이 위와 (복부 부위) 갈비뼈 아래에 들어간 곳이 있는지 보세요. 건강한 고양이라면 들어간 곳이 있어야 합니다 (장모종 고양이는 발견하기 어려울 수 있음).

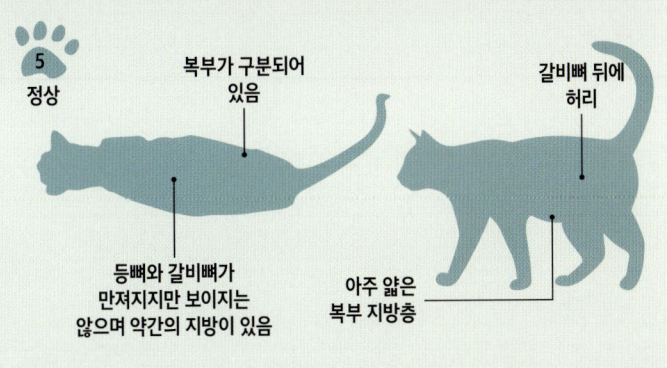

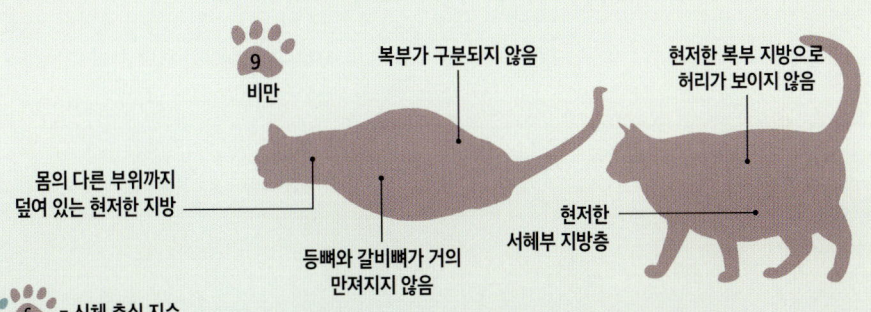

= 신체 충실 지수

저체중	정상	과체중
1 단모종 고양이의 갈비뼈와 등뼈가 보이고 쉽게 만져 짐. 눈에 보이는 지방이 없고 복부 부위가 심하게 드러나며 엉덩이가 확연하게 보임.	**5** 약간의 지방 밑에 갈비뼈가 만져짐, 위에서 봤을 때 갈비뼈 뒤에 허리가 뚜렷이 보임, 복부 지방층이 적음.	**6** 갈비뼈가 아래에 만져지며 지방은 약간 많음. 허리와 복부 지방층이 있으나 확연하지는 않음. 복부 부위 없음.
2 단모종 고양이의 갈비뼈와 등뼈가 눈에 쉽게 들어오고 근육 덩어리가 매우 적음. 눈에 보이는 지방이 없으며 엉덩이가 확연하게 보임.		**7** 갈비뼈가 아래에 만져지며 지방은 중간 정도로 많음. 허리는 잘 안 보이고 중간 정도의 복부 지방층, 복부의 곡선 모양이 보임.
3 갈비뼈가 쉽게 만져지고 등뼈가 보임. 지방이 적고 엉덩이가 확연하게 보임.		**8** 갈비뼈가 아래에 만져지지 않으며 지방이 과도하게 많음. 허리가 없고 확연하게 곡선이 진 복부, 등뼈 부근에 지방이 있으며 복부 지방층이 확연함.
4 갈비뼈와 등뼈가 쉽게 만져지고 복부 부위가 보이며 복부 지방층이 없음.		**9** 갈비뼈가 아래에 만져지지 않으며 지방이 과도하게 많음. 두꺼운 지방이 목 뒤, 얼굴, 다리를 덮음, 복부가 팽창했고 허리는 보이지 않음, 광범위한 복부 지방 축적.

반려묘의 체중 관리하기

식이 조절

음식의 종류와 양을 변경하는 것은 반려묘의 체중 감소를 돕는 좋은 방법이지만 식이 조절과 관련된 모든 변화는 단계적으로 이뤄져야 합니다. 음식 섭취를 심하게 제한하는 것은 위험하므로 피해야 합니다. 음식을 항상 먹을 수 있게 하기보다는 끼니를 정해서 주는 것이 가장 좋습니다. 건강한 방법으로 고양이의 체중 감소를 돕기 위해 특별히 만들어진 체중 감량 사료나 조언을 애완용품 가게나 동물병원에서 구할 수 있습니다. 비만이 심하면 수의사가 체중 감량식 사료를 처방해 줄 수 있습니다.

기존 사료를 새로운 사료로 바꿀 때, 처음에는 이전 사료 옆에 새 사료를 조금 놓아 둡니다. 반려묘의 주 사료가 건식 사료였다면 습식 사료로 바꾸는 것을 고려할 만합니다. 반려묘에게 좋은 선택인지 확인하기 위해서는 수의사와 상의하세요.

생각해 봐야 할 또 다른 요소는 간식입니다. 사람이 먹고 남은 부스러기는 주지 말고 간식은 저칼로리 제품으로 대체하세요.

반려묘의 체중 관리를 위한 묘안

반려묘가 연소하는 에너지의 양을 늘리는 간단한 방법은 사료를 먹기 위해 운동하게 만드는 것입니다. 29 페이지에서 퍼즐 피더와 심리적 자극에 대해 논의한 바와 같이 이 방법은 반려묘를 움직이도록 자극하는 좋은 방법입니다. 장난감 안에 넣은 사료를 꺼내 먹기 위해 반려묘는 운동을 하게 됩니다.

아래: 비만을 예방하는 최고의 방법은 사료 용량을 저울질하여 1회 분량을 정하는 것이다.

반려묘가 실내묘라면 특히 운동하도록 자극하는 것이 중요합니다. 매일 15분에서 30분 정도 시간을 내서 반려묘를 움직이게 하며 놀아주세요. 좋아하는 장난감을 사용해서 점프, 높이 뛰기, 달리기 등을 하게 합니다. 반려묘와 놀기 위해 비싼 장난감에 투자할 필요는 없습니다. 줄을 묶은 막대기 하나로도 똑같은 효과를 볼 수 있습니다. 탁구공이나 신문지 뭉치도 시도해 보세요.

매일 반려묘와 놀 시간이 없다면 전자 장난감도 생각해 볼 만합니다. 종이 가방이나 상자, 장난감을 내놓고 집을 나선다면 반려묘가 혼자서도 잘 놀게 될 겁니다. 캣 타워나 스크래쳐 기둥 역시 좋은 운동이 됩니다.

NOTE:
놀이 시 종이 가방을 사용할 때 손잡이는 미리 제거해서 반려묘의 부상을 방지하도록 합니다.

아래: 운동은 건강의 핵심이다. 실내에서만 생활하는 반려묘의 건강한 체중 유지를 위해 매일 놀이를 통해 신체적인 활동을 할 수 있도록 자극한다.

기생충

고양이 기생충은 내부 기생충과 외부 기생충의 2종류로 나뉩니다. 제대로 치료하지 않으면, 기생충은 심각한 건강 문제를 일으키며 사망에 이르게 할 수도 있습니다. 일부 기생충은 사람에게 전염될 수 있으므로 기생충 예방하는 법에 대해 잘 알고 있어야 합니다.

내부 기생충

고양이에게 흔한 내부 기생충은 일반 기생충과 위장계 안에서 서식하는 장내 기생충입니다. 반려묘의 배설물에서 기생충을 발견할 수 있는데 내부 기생충은 몸 안에서 서식하기 때문에 반려묘 몸 안의 기생충을 발견할 수 있는 유일한 방법입니다. 임상적 징후로는 허약감, 장 질환, 속 부글거림, 구토, 설사, 체중 감소, 복부 팽창 및 더부룩함, 대변의 피 등이 있습니다.

일반 기생충과 장내 기생충은 새끼 고양이에게 흔하므로 기생충 예방은 새끼였을 때부터 시작해야 합니다. 생후 약 8주 시기에는 새끼 고양이를 동물병원에 데려가 기생충 구제를 시작해야 합니다. 성묘에게 기생충이 있는 것 같으면 동물병원에 데려가 진단을 받은 후 치료에 대해 상의하세요.

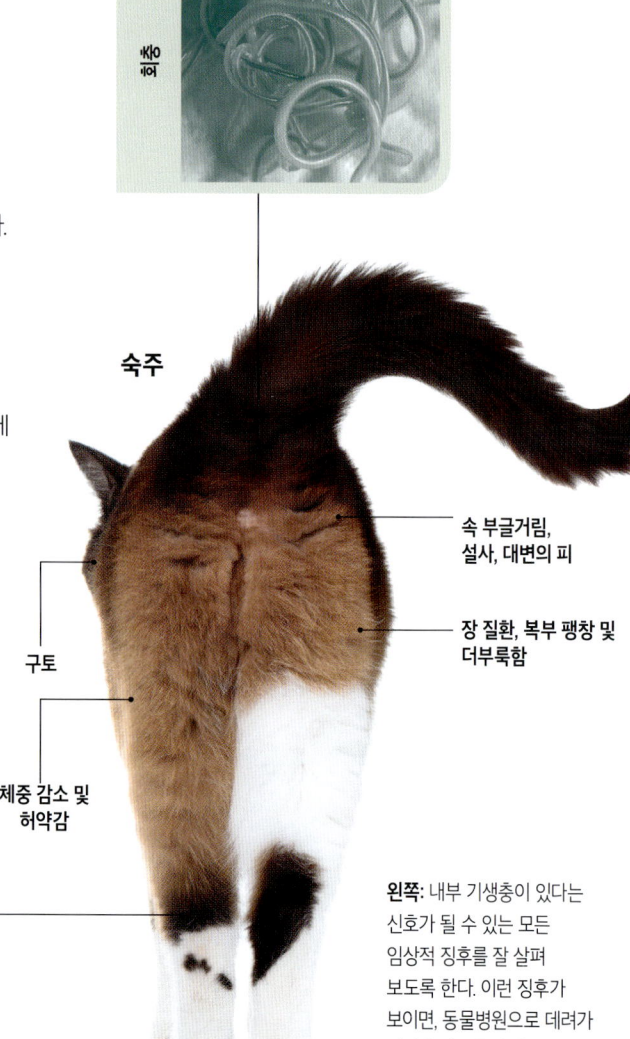

왼쪽: 내부 기생충이 있다는 신호가 될 수 있는 모든 임상적 징후를 잘 살펴 보도록 한다. 이런 징후가 보이면, 동물병원으로 데려가 검진을 받도록 한다.

외부 기생충

고양이에게 가장 흔한 외부 기생충은 벼룩, 귀 진드기, 진드기입니다.

벼룩

반려묘 몸에서 벼룩이 한 마리라도 보이면, 이미 몸 전체에 많은 벼룩이 퍼져 있을 가능성이 높습니다. 벼룩의 유충과 알은 맨눈으로는 볼 수 없습니다. 벼룩을 발견했을 때는 이미 기운이 없고 심하게 핥으며 긁거나 털을 씹기도 할 겁니다. 머리도 규칙적으로 흔들 수 있습니다.

벼룩은 보통 반려묘가 다른 반려 동물이나 설치류 같은 다른 동물들에게 노출됨으로써 퍼집니다. 벼룩을 예방하려면 벼룩 치료제로 정기적으로 치료를 해야 합니다. 제품에 따라 다르지만 약 6주에서 8주경 고양이부터 벼룩 예방을 시작할 수 있습니다. 알약, 바르는 물약, 목걸이 등 다양한 형태의 벼룩 예방 제품이 있습니다. 반려견용 벼룩 치료제는 고양이에게 유독할 수 있으므로 사용해서는 안 됩니다.

위: 야외 생활을 하는 외출묘는 외부 기생충을 옮길 수 있는 많은 다른 고양이나 야생 동물과 접촉할 수 있다.

벼룩

벼룩의 전파 사이클 차단하기

반려묘에게 벼룩이 있다고 생각될 때:

- 치료를 위해 동물병원으로 데려갑니다.
- 여러 마리를 키우는 데 한 마리가 벼룩이 있으면 모든 반려묘를 치료합니다.
- 카펫과 침구류도 청소해야 합니다. 벼룩의 알과 유충은 가정용 직물 제품에서 6개월까지 생존 가능하며 치료하지 않을 경우 재 전파될 수 있습니다.

오른쪽: 벼룩의 생명 주기는 차단하기 어려우므로 모든 형태의 벼룩을 없애야 한다.

귀 진드기

귀 진드기는 성묘와 새끼 고양이에게서 쉽게 발견됩니다. 고양이들 사이에 전파될 수 있으므로 한 고양이가 귀 진드기 진단을 받으면 가정 내 모든 고양이가 처치를 받아야 합니다. 반려묘가 귀 진드기가 있으면 과도하게 긁으며 귀에 염증이나 귀지가 생깁니다.

미세한 귀 진드기

반려묘가 귀 진드기에 감염된 것 같으면 동물병원으로 데려가 귀 청소와 약 처방을 받아야 합니다.

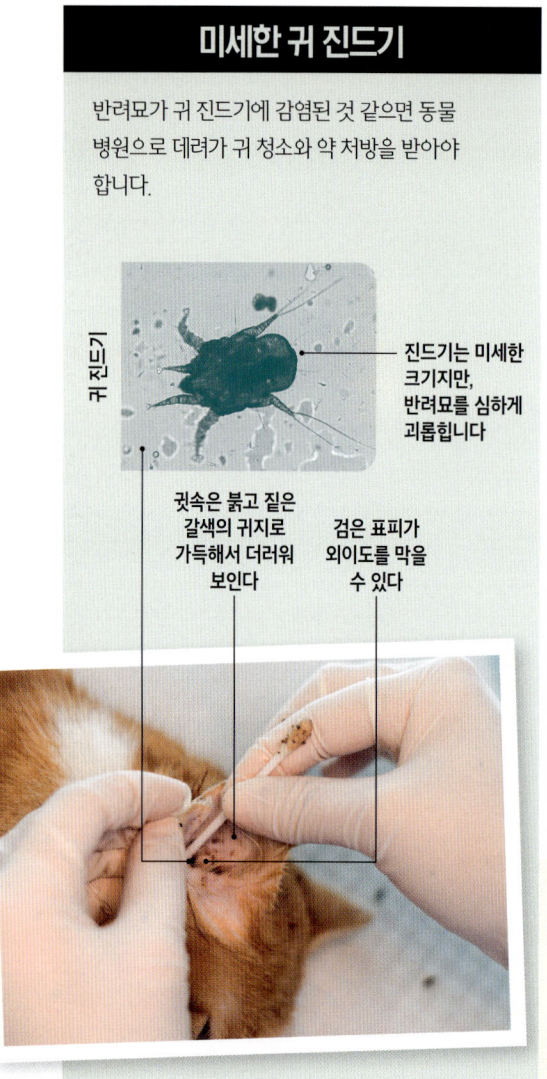

귀진드기

진드기는 미세한 크기지만, 반려묘를 심하게 괴롭힙니다

귓속은 붉고 짙은 갈색의 귀지로 가득해서 더러워 보인다

검은 표피가 외이도를 막을 수 있다

진드기

진드기는 긴 풀에서 살며 지나가는 동물들에게 달라붙습니다. 반려묘가 야외로 나가면 진드기가 붙을 수 있습니다. 진드기는 다른 반려동물이나 보호자의 옷에 붙어서 이동할 수 있습니다. 반려묘의 생활 양식과 여러분이 사는 장소에 따라서 어떤 진드기 예방법을 사용할지 고려해 볼 수 있을 겁니다. 진드기 예방은 상황에 따라 연중 내내 지속하거나 계절별로 할 수 있습니다. 동물병원에서 반려묘를 위한 적합한 진드기 예방법을 상의해 보세요.

반려묘에게서 진드기를 발견하면 질병의 전파를 막기 위해 꼭 제거해야 합니다. 동물병원에 데려가거나 진드기 후크를 사용해서 직접 없애는 방법도 있습니다. 날카로운 족집게 같은 것으로 진드기를 없애려고 해서는 안 됩니다. 실수로 진드기의 몸체를 꽉 쥘 경우 그 속의 병원균들이 반려묘의 혈관으로 들어갈 위험이 있습니다.

진드기가 얼마나 오래 붙어 있었는지 모르면 특히 더 주의 깊게 반려묘를 관찰해야 합니다. 진드기가 이미 질병을 퍼트렸을 수 있으므로 피로, 식욕 감퇴, 무기력증 같은 징후를 잘 찾아보세요. 이런 징후가 발견되면 즉시 동물병원으로 데려가도록 합니다.

NOTE:
집에서 면봉을 사용하면 반려묘의 귀에 해가 될 수 있으므로 사용하지 않습니다.

진드기 후크 사용하기

진드기 후크는 다양한 크기로 시중에 나옵니다. 반려묘의 진드기 제거를 위해 적당한 크기를 고릅니다. 후크를 사용해 진드기를 없애기 위해서는 다음 순서를 따릅니다:

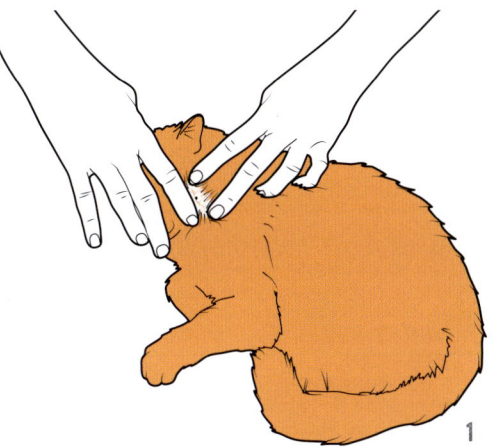

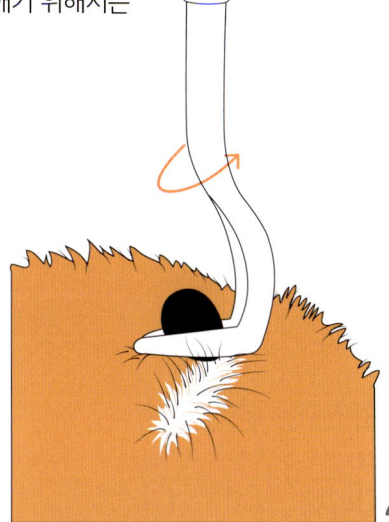

1 손을 깨끗이 씻은 후 물린 자국 주위의 털을 조심스럽게 헤쳐서 진드기를 찾습니다.

2 진드기가 걸릴 때까지 후크를 진드기 주위로 밀어 넣습니다.

3 피부에 최대한 가까운 곳에서 진드기를 후크로 잡습니다.

4 조심스럽게 후크를 약간 들어 올리고 진드기를 떼어 낼 수 있도록 후크를 여러 번 뒤집습니다.

5 진드기를 병에 넣은 후 알코올을 부어 진드기를 죽인 다음 집 바깥의 휴지통에 버립니다.

6 물린 부위를 생리식염수로 세척합니다.

오른쪽: 반려묘에게서 진드기를 제거하기 전에 손을 깨끗이 씻는다. 진드기 후크, 생리식염수, 알코올, 빈 병은 잊지 말고 가까운 곳에 준비해 둔다.

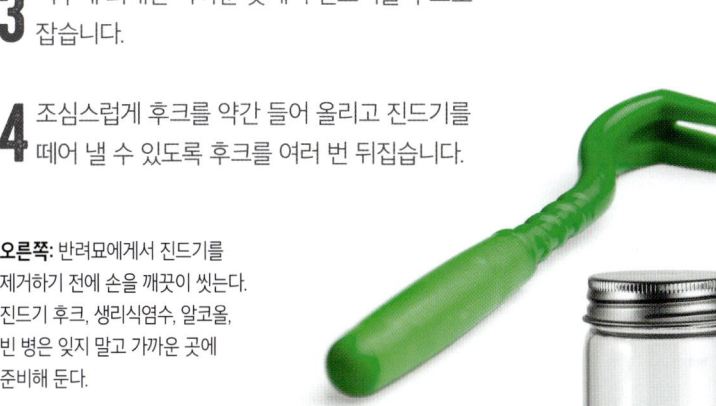

노령묘

반려묘는 나이가 들면서 행동과 생활 양식이 변합니다. 사람과 마찬가지로 고양이 역시 나이와 함께 행동이 느려 집니다. 노령의 고양이는 젊은 고양이만큼 활동적이지 않고 사료를 많이 먹지 않으며 성격에도 변화가 생깁니다. 몇 살에 "노령묘"가 되는 지 정해진 나이는 없지만 보통 약 11세부터 노령으로 간주합니다. 7세부터 노령의 징후가 발견되기 시작하지만 약 12세가 되기 전까지 외적인 징후는 나타나지 않습니다. 15세가 되면 고양이는 노묘로 간주합니다.

노화의 신호는 무엇인가?

반려묘는 품종을 포함한 여러 요인에 따라 각자의 속도로 노화합니다. 보호자도 알아볼 수 있는 흔한 노화의 신호가 있습니다. 노령묘는 후각, 청각, 미각 같은 감각을 잃기 시작합니다. 반려묘의 식욕은 변하거나 줄어들 수 있습니다. 이런 식욕의 변화는 치아 질환 때문에 나타날 수도 있습니다. 치아 또한 나이가 들어가면서 나빠집니다.

유연성의 저하로 그루밍하기가 점차 힘들어짐

퇴행성 관절염 가능성

아래: 반려묘가 나이 들어가면서 노화 현상이 나타난다. 행동, 건강, 외모에 변화가 생긴다.

노령묘

- 면역계의 손상
- 덜 활동적
- 음수량 증가
- 식욕 저하
- 청력 저하
- 수면시간 증가
- 후각 저하
- 행동상의 변화

반려묘가 평소의 일상 활동을 할 때 통증이 있는 것 같으면 (반려묘의 통증 알아채기는 112 페이지로) 동물병원으로 데려갑니다. 허약감은 노화의 일부이긴 하지만 꼭 통증이 있는 것은 아니며 노화와 관련된 질병에는 여러 치료 방법이 있습니다.

✚ **고양이의 통증 알아채기 112 페이지**

노령묘는 날렵하지 못하고 관절의 유연성도 떨어집니다. 퇴행성 관절염은 노령묘에게 상당히 흔하지만, 치료 가능한 질병입니다. 반려묘의 유연성이 저하되면 그루밍 하기도 힘들어 집니다. 털을 깨끗하고 윤기 있게 유지하기 위해서는 매일 시간을 내서 반려묘를 빗질해주도록 합니다. 자연적인 노화 과정의 일부로 흰 털이 나기 시작하며 털의 윤기도 줄어듭니다.

사람의 면역 체계처럼 고양이의 면역 체계도 나이가 들면서 점차 효율성이 떨어지게 됩니다. 이로 인해 질병에 더 쉽게 감염될 수 있습니다. 집의 다른 고양이가 질병의 징후를 보이면 노령묘의 사료, 물, 화장실 및 장난감은 특별히 주의해서 따로 분리해 놓도록 합니다.

마지막으로 행동상의 변화가 있습니다. 이것은 고양이마다 각양각색으로 다양하게 나타나므로 예측하기가 어렵습니다. 어떤 고양이는 애교가 더 많아지며 여러분과 시간을 더 많이 보내고 싶어 하지만 어떤 고양이는 공격성의 징후가 증가하며 혼자 있고 싶어 할 수도 있습니다. 대부분의 노령묘가 시끄럽고 낯선 환경은 피하고 싶어 합니다.

수면시간 역시 전보다 길어지는 데 대낮이나 한밤중의 이상한 시간대에 시끄럽게 우는 일도 있습니다.

반려묘가 노령에 해당하는 나이가 되면 동물병원에 데려가 정기적인 검진을 받는 것이 중요합니다. 많은 동물병원에서 나이 많은 반려동물의 건강 검진을 위한 전문병원을 운영하는 데 노령의 동물들은 건강 문제에 더 취약하기 때문입니다.

반려묘가 식욕이 없고 소변을 자주 보거나 물을 많이 먹고 절뚝거릴 경우 또는 의식의 혼미함 같은 염려스러운 행동을 보이면 동물병원에 데려가 검진을 받아야 합니다. 이러한 징후는 잠재적인 건강 질환(보통 치료 가능함)의 징후일 수 있습니다.

위: 건강한 털을 유지하기 위해 좀 더 정기적으로 빗질을 해주면 좋다.

왼쪽: 반려묘는 나이 들면서 정이 많아지고 전보다 더 많은 관심을 받고 싶어한다.

노령묘에 맞춰 조정해야 할 것들

반려묘의 노화과정에 맞춰 조정할 것들이 많이 있습니다. 이런 조정 과정을 통해 반려묘를 좀 더 편안하게 해주고 삶의 질을 향상시켜줄 수 있습니다.

화장실

반려묘가 평소에 바깥에서 볼일을 본다고 해도 나이가 들면 집 안에도 화장실을 두는 것을 권장합니다. 반려묘는 점차 허약 해지며 전처럼 매번 밖에 나가고 싶어 하지 않기 때문입니다. 집안에서 쓰던 게 있다면 반려묘가 쉽게 출입할 수 있도록 표면이 넓고 양 옆의 높이가 낮은 지 확인합니다. 또, 화장실을 한 개 이상 마련해서 반려묘가 화장실을 찾아 너무 멀리 가지 않도록 하세요.

그루밍

정기적으로 반려묘를 단장해서 청결을 유지하고 발톱도 정기적으로 확인합니다. 반려묘의 발톱은 활동 부족으로 지나치게 자랄 수 있는데 이럴 때는 자르는 것이 제일 좋습니다 (동물병원에 가서 자르거나 직접 할 수 있으면 25 페이지를 참조하세요).

사료

영양 성분, 양, 사료의 질감 역시 반려묘의 노화에 맞춰 고려해야 합니다. 반려묘에게 질병의 징후가 될 수 있는 체중의 감소가 있거나 여러 질병에 취약해질 수 있는 체중의 증가가 있는지 눈 여겨보세요. 체중의 변화가 없고 식사에도 문제가 없어 보이면 평상시의 식단을 유지해도 좋습니다. 식단을 바꿀 필요가 있다고 생각하면 동물병원에 데려가 건강 상태를 확인하고 식단을 상의해 보세요. 노령묘 전용의 고양이 사료들이 시중에 많이 나와 있습니다. 반려묘에게 항상 신선한 물을 제공하는 것도 잊지 마시고요.

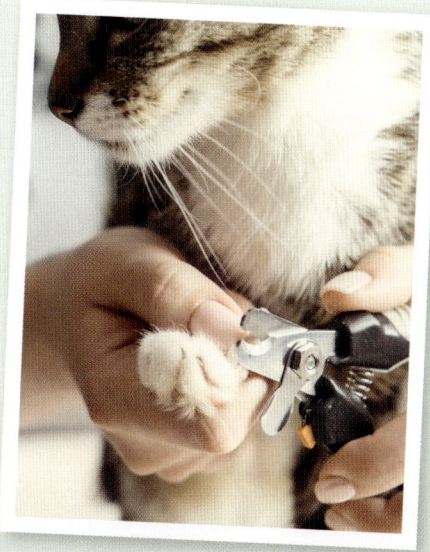

위: 내성 발톱 같은 문제를 예방하기 위해 반려묘의 발톱을 정기적으로 확인하고 너무 자랐으면 정기적으로 잘라준다.

가정에서의 조정

반려묘가 좋아하는 장소에 뛰어오르지 못하거나 내려오는 데 힘들어하면 반려묘가 좋아하는 장소 옆에 높이가 낮은 가구를 계단으로 사용할 수 있도록 놓는 것도 고려해 보세요. 반려묘가 좋아하는 은신처나 잠자리로 갈 때 눈 여겨 보고 동선을 편하게 할 수 있는지 곰곰이 생각해 봅니다. 노령묘는 바닥에서 약간 높은 위치에 있는 그릇에 들어 있는 사료나 물이 먹기 편할 수 있습니다. 낮은 받침대 위에 그릇을 놓는 것을 고려해 봅니다.

반려묘가 먹지 않는 이유는?

반려묘가 식욕이 없으면 동물병원으로 데려가야 합니다. 식욕 부진은 많은 질병을 포함한 심각한 질환의 징후일 수 있습니다.

식욕 부진은 스트레스부터 치아 질환까지 매우 다양한 원인으로 인해 발생할 수 있습니다. 반려묘가 먹을 때 통증을 느낀다면, 고양이가 순할 경우 턱이나 입에 상처나 병이 없는지 한번 확인해 보세요. 반려묘가 24시간 동안 먹지 않으면 응급 상황으로 간주하고 바로 동물병원으로 데려가야 합니다.

아래: 수의사는 음식 거부의 원인인 잇몸 질환이나 충치를 확인할 수 있다.

24시간
식욕 회복 시간

반려묘의 식욕 자극하기

반려묘가 먹기는 하지만 양이 평상시보다 적을 때는 색다른 음식으로 식욕을 북돋을 수 있습니다. 고양이는 정어리 통조림이나 간을 아주 좋아합니다. 이런 음식들을 소량으로 끼니 때 주면 고양이가 잘 먹을 겁니다. 고양이는 따뜻한 음식을 좋아하는 걸 잊지 마세요. 먹이기 전에 전자레인지로 데운 후 줘보세요. 화상을 입을 정도로 뜨겁지 않게 조심해야 합니다. 마지막으로 평상시 사료에 저염분의 닭이나 소고기 혹은 야채 육수를 약간 부어줘도 좋습니다.

아래: 정어리나 간, 닭 같은 고양이가 거부하기 힘든 음식들이 있는데 특히 따뜻하게 해주면 더 좋아한다.

정어리

익힌 간

따뜻하게 익힌 닭

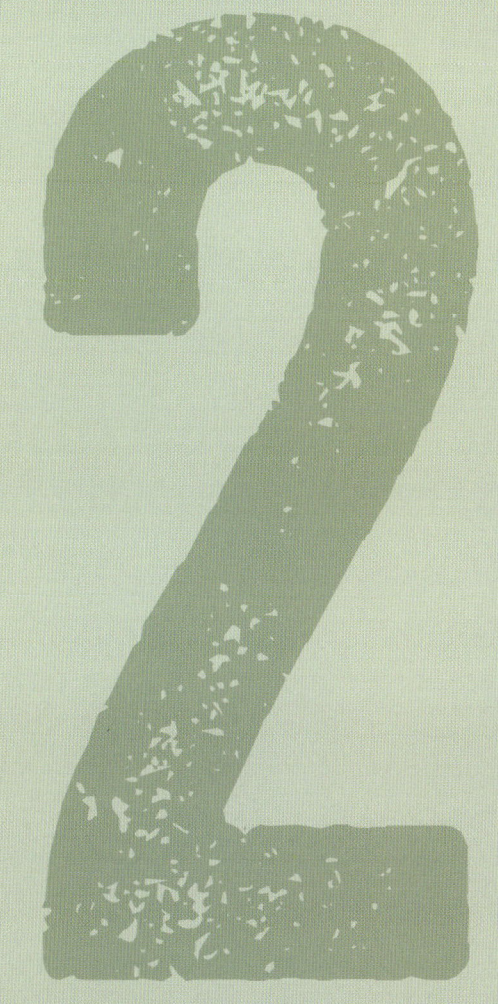

2

간단한 치료와 케어

반려묘 검사

1차 검사

반려묘에게 이상이 있음을 처음 발견했을 때 다음 순서에 따라 상태를 살펴봅니다:

• 반려묘를 자극하지 않고 보호자에게 해를 입히지 않는 한도에서 가능한 한 가깝게 반려묘에게 다가가 초기 검진을 실시합니다.

• 눈에 띄는 상처나 절뚝거림, 신체 변형, 혼미함 혹은 몸 떨림이나 경련이 있는지 살펴봅니다.

• 모든 이상 징후와 이를 일으킨 원인을 적어 둡니다.

• 머리나 척추에 드러난 상처를 발견하거나 구토나 혼미함, 몸의 떨림이 있다면 응급상황으로 간주하고 바로 동물병원에 전화합니다.

반려묘의 생체 징후 확인하기

상태 파악을 위해 주의 깊게 살펴본 후 다음으로 중요한 것은 생체 징후를 확인하는 겁니다. 생체 징후에는 호흡수, 심장 박동 수, 체온이 해당합니다. 정확한 수치 확인을 위해 반려묘를 움직이지 못하게 잡고 있어야 합니다 (72 페이지). 병이 생길 경우를 대비해서 반려묘가 편안히 있을 때 검진 연습을 미리 집에서 해 두는 것도 좋습니다.

아래: 다친 고양이에게 다가갈 때는 고양이를 놀라게 하거나 공격적인 행동을 유발하지 않도록 천천히 조심해서 접근하도록 한다.

물리지 않도록 반려묘가 귀를 젖히거나 으르렁거리며 엎드려 있는지 주의하기

반려묘에게 말을 걸 때는 부드럽게 말하기

다치거나 아픈 고양이에게는 천천히 다가가기

맥박 측정

기준치: 분당 15회에서 30회 (BPM)

반려묘의 맥박을 재는 가장 쉬운 방법은 정면을 마주하는 자세에서 호흡하는 것을 지켜보는 것입니다:

1 고양이가 앉아 있을 때 가슴 부위를 봅니다.

2 15초 동안 호흡수를 셉니다.

3 이 숫자에 4를 곱해 호흡수를 측정합니다.

4 호흡수가 기준치보다 현저하게 높거나 낮으면 즉시 동물병원에 연락합니다.

5 호흡수가 정상 범위에 있으면 호흡에 이상한 점이 없는지 확인합니다.

6 호흡이 불규칙하거나 가파르거나 힘들어하고 얕다면 바로 동물병원에 연락합니다.

성묘
15-30 bpm

갓 태어난 새끼 고양이
20-40 bpm

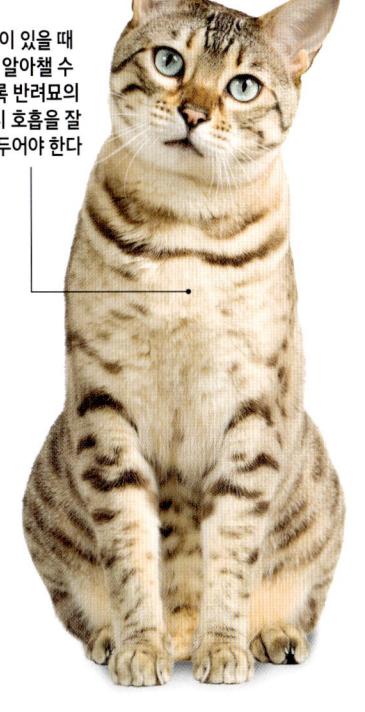
이상이 있을 때 바로 알아챌 수 있도록 반려묘의 평상시 호흡을 잘 알아 두어야 한다

고양이의 호흡계

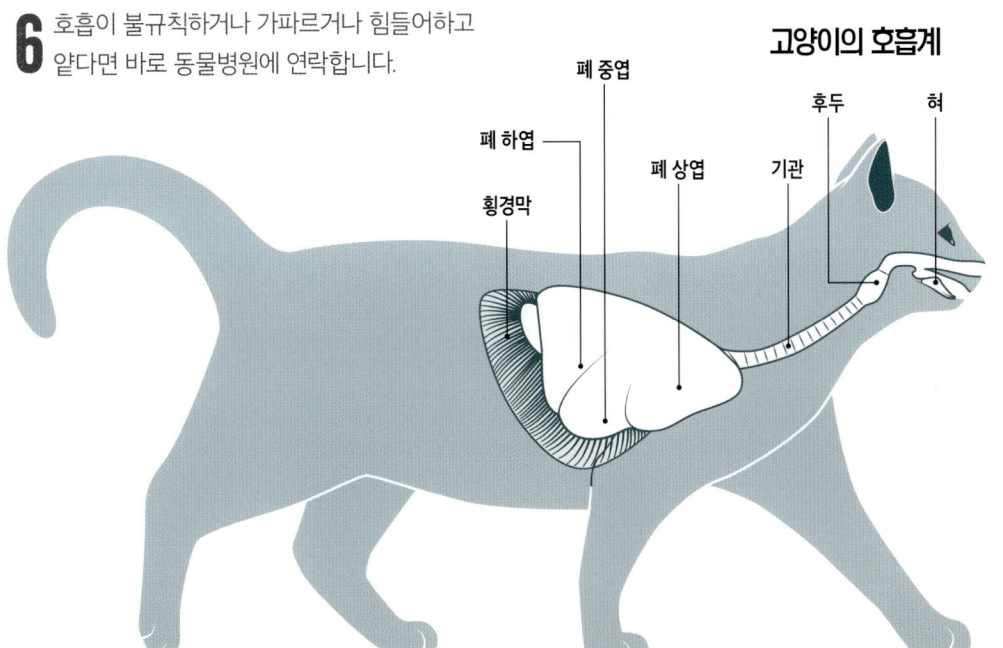

심장 박동 수 측정

기준치: 분당 120에서 220회

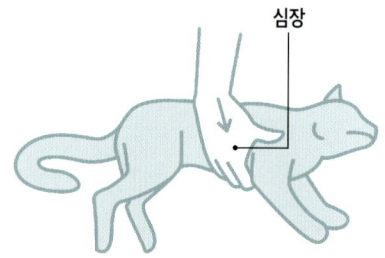

심장

4 이 숫자에 4를 곱해 분당 박동수를 측정합니다.

5 측정 수가 기준치보다 현저하게 높거나 낮으면 바로 동물병원에 연락합니다.

1 손을 반려묘의 왼쪽 앞다리 밑 옆구리에 놓고 심장 위치를 찾아봅니다.

2 박동수를 감지할 때까지 지그시 눌러봅니다.

3 휴대전화나 시계를 사용해서 15초 동안의 박동수를 셉니다.

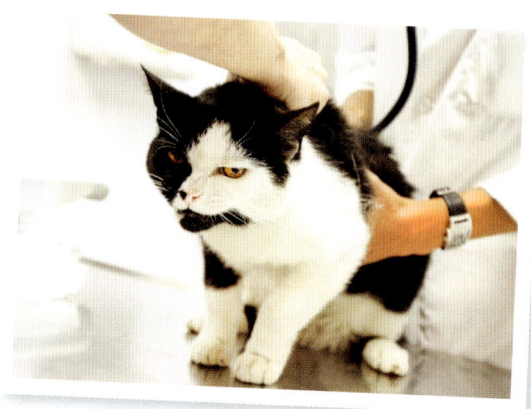

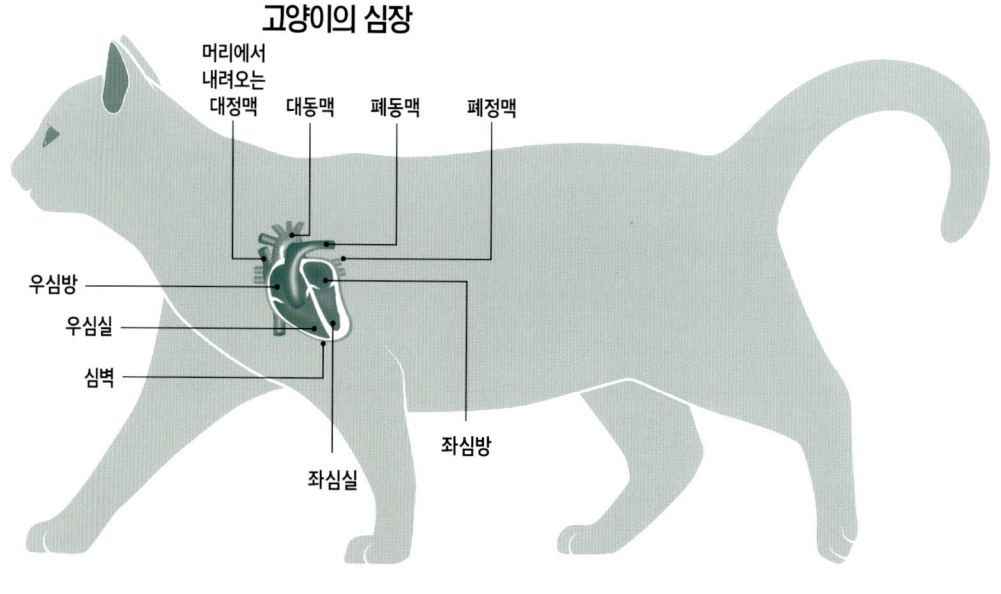

고양이의 심장

머리에서 내려오는 대정맥
대동맥
폐동맥
폐정맥
우심방
우심실
심벽
좌심실
좌심방

반려묘 검사 61

체온 측정

기준치: 섭씨 38도에서 39도

집에서 반려묘의 체온을 직접 재는 것은 권장하지 않습니다. 익숙하지 않은 보호자가 체온계를 사용하면 고양이에게 스트레스가 되는 것은 물론이고 항문이나 직장을 다치게 할 수 있기 때문입니다. 내키지 않는 고양이에게 체온계를 억지로 밀어 넣다가 보호자가 다칠 수도 있습니다. 귀 체온계를 이용할 수도 있지만 신뢰도가 높지는 않습니다.

잇몸

반려묘의 잇몸을 검사해볼 필요가 있는데 병이 있으면 잇몸이 정상적인 분홍빛을 띠지 않고 건조할 수 있습니다. 손가락으로 잇몸을 조심스럽게 눌렀을 때 잇몸이 분홍빛으로 돌아오는 데 2초 이상 걸리면 반려묘에게 이상이 있을 가능성이 있습니다. 마찬가지로, 잇몸이 창백하고 어둡거나 분홍이 아닌 다른 색을 띤다면 동물병원에 확인해야 합니다.

NOTE:
생체 징후 중 어떤 것이라도 정상이 아니면 즉시 동물병원에 연락합니다.

추가 상세 검진

생체 징후는 정상 범위에 있지만 그래도 반려묘가 다쳤거나 아프다는 생각이 들면 몸의 나머지 부분을 검진해 볼 수 있습니다. 아래의 질문에 "예"에 해당하는 것이 있으면 반려묘는 응급처치가 필요할 수 있습니다.

아래: 반려묘가 평상시와 다를 경우 부상이나 질병의 징후를 발견하기 위해 좀 더 철저한 검진을 해 볼 수 있다.

- 눈 검사. 동공이 확대돼 있거나 눈 전체가 붉은색인가?
- 잇몸 검사. 변색 됐는가?
- 발작이나 구토를 보이거나 소변 시 어려움이 있는가?
- 조심해서 몸을 촉진해 본다. 몸을 만졌을 때 싫어하며 부정적인 반응을 보이는가?
- 걸음이 정상적인지 검사. 걸을 때 절뚝거리거나 비정상적으로 걷지 않는가?

동물병원에 언제 데려가야 할까?

반려묘가 다쳐서 힘들어하는 데 상처가 얼마나 심각한 건지 모르면 동물병원에는 언제 전화해야 할까요? 반려묘가 다쳤을 때는 항상 지나치다 싶을 정도로 조심하는 게 최고입니다.

맨눈으로 상처가 얼마나 심한지 분간하기는 매우 어렵습니다. 반려묘를 동물병원에 데려가면 의사가 반려묘의 상태를 확인해서 적절한 대처를 할 수 있습니다. 동물병원에는 반려묘를 치료할 수 있는 전문적인 기술과 기기가 갖춰져 있습니다. 문제를 파악하고 필요한 조언을 할 수 있도록 동물병원에 전화로 상황을 미리 알려 주는 것이 좋습니다.

응급상황일 경우에는 병원 도착 시 담당 직원이 대기할 수 있도록 방문 전 미리 연락하도록 합니다.

아래: 고양이는 부상이나 질병의 징후를 매우 잘 숨긴다. 반려묘가 평소와 다르게 이상하다면 동물병원으로 데리고 가서 검진을 받도록 한다.

수의사 검진이 필요한 문제

반려묘가 심각한 징후를 보이면 바로 동물병원에 데려가야 합니다. 평소 다니던 병원의 진찰 시간이 끝났다면 가장 가까운 응급실의 담당 수의사에게 전화하도록 합니다.

반려묘가 아래의 상황에 해당한다면 바로 병원에 데리고 가야 합니다.

- 외상 (외견상 괜찮아 보이더라도 데려 갑니다)
- 호흡 곤란
- 화상
- 중독 가능성
- 머리에 타격을 입었을 때
- 높은 곳에서 추락
- 이물질을 삼킴
- 경련
- 감전
- 반익사 상태

위: 수의사의 즉각적인 치료가 필요하며 집에서는 해결이 불가능한 사안들이 있다. 이런 경우 반려묘를 안정시킬 수 있더라도 병원에 꼭 데려가야 한다.

반려묘가 아래의 증상을 보이면 동물병원으로 즉시 데려가야 합니다:

- 고열
- 높은 심박수
- 높은 호흡수
- 계속되는 구토와 설사
- 절뚝거림
- 의식불명
- 방향 감각 상실
- 변색된 잇몸
- 반복되거나 장시간의 발작
- 의식을 잃고 쓰러짐
- 심한 통증
- 과다 출혈
- 마비
- 배뇨 곤란
- 식욕 및 수분 섭취 부족
- 계속되는 기침

위: 반려묘가 잠시라도 물에 빠졌다면, 동물병원에 데려가도록 한다. 보호자가 확인하기 어려운 질병에 걸렸을 수 있다.

의심되는 증상이 있거나 48시간 넘게 약한 증상이 지속될 경우 건강 검진을 위해 동물병원에 데려가는 것이 최선입니다.

응급상황은 아니지만 수의사에게 보일 필요가 있는 문제

반려묘에게 작은 상처가 나서 이 책에서 안내된 치료법으로 급한 대로 응급처치를 했더라도 검진을 위해 동물병원에 데려가는 것이 좋습니다.

오른쪽: 반려묘에게 작은 상처가 생겼다면 동물병원에 가기 전에 이 책에 있는 치료법을 사용해 집에서 응급처치를 할 수 있다.

붕대를 감을 때는 너무 꽉 끼지 않게 손가락 두 개 정도 들어갈 여유를 남기도록 한다

반려묘가 지나치게 애교를 부리는 등 보통 때와 다른 행동 양식을 보인다면 잠재적인 질환이 있을 수 있다

아래: 진행 과정을 주의 깊게 관찰하고 행동의 변화가 있으면 적어 놓도록 한다. 반려묘에게 통증이 있다는 징표일 수 있다.

반려묘의 평상시 생활 양식이나 걸음걸이에 이상 징후나 변화가 있을 시에도 동물병원에 데려가도록 한다

집에서 대처 가능한 문제

찰과상이나 벌에 물렸을 때 등은 가정에서 대처할 수 있는 사소한 문제들입니다. 이런 문제라도 동물병원에 전화해서 의사와 상의할 것을 권장합니다.

스마트폰이나 태블릿에 설치 가능한 동물병원 앱을 통해서 도움을 얻을 수도 있습니다. 이런 앱은 수의사에게 질문하기나 동영상 상담 서비스 등을 지원하기도 합니다. 이 서비스를 제공하는 수의사라도 반려묘를 전화로 진찰하지는 않겠지만, 응급실에 가든 안 가든 상관없이 조언을 해 줄 수는 있을 겁니다.

NOTE:
반려묘의 응급처치에 대한 신뢰할 만한 정보를 찾는데 인터넷에 의존하지 않도록 합니다. 검색 엔진으로 찾은 인터넷 자료에는 부정확하고 혼란스러운 정보가 많습니다. 신뢰할 수 있는 일반적인 치료 정보는 동물병원이나 동물 보호 기관 소유의 웹사이트를 참조하세요. 응급상황이나 응급처치는 꼭 동물병원으로 연락해야 합니다.

아래: 인터넷은 동물 치료에 대한 부정확한 정보로 가득하지만 직접 수의학적 정보를 제공하는 동물병원 웹사이트나 앱을 활용하는 것은 괜찮다.

구급상자

63 페이지에서 설명한 증상들로 반려묘가 고통을 받을 때는 반드시 전문가의 도움을 받아야 하지만 경미한 상처나 질병은 고양이 구급상자를 활용해 가정에서 안전하게 치료할 수 있습니다.

고양이 구급상자 안에는 무엇이 필요할까?

언제 사고가 일어날지 예측할 수는 없습니다. 구급상자에 비상약과 필요한 물품을 같이 준비해 놓으면 응급 상황 시 효율적으로 대처하고 반려묘를 동물병원에 데려가기 전에 최선의 응급 치료를 할 수 있습니다.

아래: 고양이 구급상자 안의 물품을 익히고 응급상황이 발생하기 전에 필요한 모든 물품이 갖춰져 있는지 확인하도록 한다. 물품의 밀봉 상태와 하자 여부를 확인하고 구급상자의 물품을 사용했을 경우 반드시 채워 놓도록 한다.

다음의 점검표에 따라 가정용 구급상자에 필요한 모든 물건이 갖춰져 있는지 확인합니다. 애완용품점이나 온라인에서 시판하는 고양이 구급상자를 구매해서 사용해도 괜찮습니다. 시판용 구급상자가 있다면 점검표를 이용해 필요한 비품이 모두 있는지 확인하세요. 다양한 비품에 대한 설명과 함께 응급처치 상황 시의 비품 사용법에 대한 안내도 읽어 보세요.

목록에 포함된 비품 대부분은 가까운 약국에서 쉽게 살 수 있습니다. 집에 구비된 사람용 구급상자에 여분의 품목이 있다면, 이 중에서 일부를 사용할 수도 있습니다.

필수비품

1회용 고무/라텍스 장갑
상처 있는 고양이를 다룰 때 보호자의 청결과 감염 예방에 도움이 됩니다. 반려묘가 다루기 어렵다면 원예용 장갑을 구급 상자에 준비해 두도록 합니다.

가위
테이프나 드레싱을 자를 때 사용합니다. 반려묘의 피부를 벨 수 있으므로 털을 자르는 데는 사용하지 않도록 하세요. 건전지로 작동하는 소형 이발 가위는 상처 부위의 털을 제거하는 데 유용합니다. 사용 시에는 매우 조심하도록 하세요.

족집게
가시를 제거하는 데 유용합니다. 반려묘에게 상처를 주지 않도록 양 끝이 납작한 것을 사용하며 질식 사고 대비용으로 양 끝이 구부러진 것도 필요합니다.

진드기 후크
진드기를 제거할 때는 진드기 전용 후크를 사용합니다 (49 페이지). 진드기 후크는 족집게보다 훨씬 안전하고 효과적입니다.

수건
반려묘를 눕히거나 안아서 옮기고 따뜻하게 하는 데 사용하며 지저분한 것을 치우는 데도 필요합니다.

아래와 오른쪽: 반려묘용 구급 상자에 필요한 대부분 품목은 약국에서 구매할 수 있습니다. 진드기 후크와 같은 일부 품목은 동물병원이나 애완동물 용품 가게에서 구매하는 것이 편리할 수 있습니다.

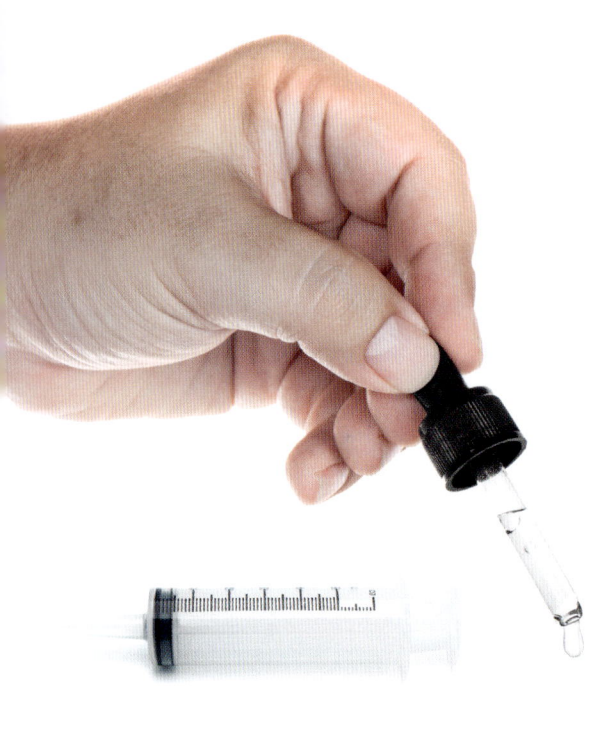

상처 세척

소금
소금은 생리식염수를 만드는 데 필요합니다. 집에서 드레싱 하기 전 상처를 씻는 데 생리식염수를 사용하도록 합니다.

면봉과 탈지면
생리식염수를 상처에 바르고 피를 닦는 데 유용합니다.

점안기나 바늘 없는 주사기
구강 치료제를 투여하거나 급수할 때 뿐 아니라 생리식염수로 상처를 씻어 내릴 때도 쓸모가 많습니다.

멸균 티슈
상처를 만지기 전 손을 닦는 데 사용합니다. 상처를 치료할 때, 감염 예방을 위해 장갑을 끼도록 합니다.

왼쪽과 아래: 상처 세척용 비품은 구급상자에 필수품이다. 주방에 소금이 충분히 있다고 해도 모든 필수품이 한자리에 있도록 소금을 구급상자에 따로 보관 한다.

상처 드레싱

거즈
패드나 두루마리 형태로 된 거즈는 상처를 감싸고 압박을 가하는 데 사용합니다. 붕대로 상처 부위를 감쌀 때 너무 꽉 조이면 혈액순환을 차단하거나 상처를 덧나게 할 수 있으므로 주의합니다.

비접착식 붕대
상처를 보호하고 지혈할 때 유용합니다. 접착식 붕대나 반창고는 사용하지 않도록 하세요. 드레싱 부위를 고정하는 데는 아기 양말이 좋은데 양말 상단에 약간의 테이프만 사용해도 부착할 수 있고 과하게 조여질 위험도 적습니다.

접착식 테이프
붕대와 거즈를 고정하는 데 유용합니다.

반려묘 다루기

입마개
부드러운 천과 작은 수건, 또는 나일론 스타킹이면 물림 방지를 위한 입마개 대신으로 사용할 수 있습니다. 입마개는 고양이에게 큰 스트레스가 되기 때문에 최후의 수단으로 사용해야 합니다. 반려묘가 구토하면 입마개를 사용하지 마세요.

아래: 비접착식 붕대와 거즈만 구급상자에 비축한다. 접착식 붕대와 반창고는 고양이에게 적합하지 않다.

그 외 필수품

생리식염수/점안액
눈에 상처가 났을 때 사용.

중요한 연락처
평소 이용하는 동물병원과 업무 시간 외 연락 가능한 번호, 가까운 24시간 응급 동물병원과 반려동물 독극물 전화 상담 서비스를 기록해 둡니다.

반려묘의 병력
반려묘의 모든 약물치료와 종합 백신 접종력이 해당합니다. 평소 다니던 병원이 아닌 다른 병원에 위급하게 가야 할 때 수의사에게 반려묘의 병력을 알려주면 큰 도움이 됩니다.

반려묘 다루기(핸들링)

반려묘가 다치거나 아프거나 통증이 있을 때는 기질이 평소와 달라질 수 있습니다. 오랫동안 숨어있거나 누가 만지는 것을 싫어하며 공격성이 높아질 수도 있습니다. 평소 순하던 고양이도 몸이 아프면 공격적으로 변할 수 있습니다.

반려묘에게 다가가기

반려묘에 다가가기 전에 창문, 문, 고양이 출입문 등 반려묘가 도망갈 수 있는 모든 통로를 차단합니다.

사람의 응급 치료와 마찬가지로 고양이 역시 고양이를 움직이기 전에 외상이 있는지 먼저 확인해야 합니다. 반려묘가 머리에 상처를 입었거나 걸음걸이가 불안정하고 의식이 혼미하면 특히 더 신중해야 합니다. 반려묘가 일어날 수 없으면 동물병원에 전화해서 수의사가 왕진을 할 수 있는지 문의해 보세요.

상처 입은 고양이를 다룰 때는 아프게 하거나 상처를 악화시키지 않도록 합니다. 무엇보다 여러분이 상처를 입지 않도록 조심해야 합니다. 반려묘가 다치면 아래의 지시를 따릅니다:

- 부드럽고 느리게 움직이며 반려묘를 검진합니다.

- 물릴 때를 대비해 반려묘로부터 얼굴을 멀리 유지합니다.

- 반려묘가 다친 것을 알았을 때 평정을 유지합니다. 보호자가 편안해 보이면 반려묘는 차분해지며 공격성도 줄어듭니다.

- 반려묘를 움직이기 전에 58 페이지에서 설명한 초기 검진을 실시합니다.

> **NOTE:**
> 고양이는 통증을 숨기는 데 매우 능숙하다는 것을 기억하세요.

- 반려묘가 머리나 척추에 상처를 입었다면 움직이려 하지 말고 즉시 동물병원에 전화합니다. 수의사에게 반려묘의 머리를 고정하는 방법을 확인합니다.

상처의 종류와 상관없이 수의사와 상담하도록 합니다. 외견상 작은 상처로 보여도 심각한 건강 문제를 유발할 수도 있습니다. 수의사에게 자초지종을 설명하고 조언을 구하도록 합니다. 경우에 따라서는 병원에 데려가기 전에 보호자가 초기 응급처치를 할 수도 있습니다. 반려묘의 뼈가 부러졌거나 삔 것 같으면(염좌) 우선 움직이지 못하게 부위를 감싸줍니다.

아픈 반려묘에게 다가가는 팁

반려묘에게 스트레스를 주지 않도록 반려묘에게 접근할 때는 아래 내용을 유념하도록 합니다:

1 부드럽게 말을 걸며 천천히 조용하게 다가갑니다.

2 반려묘에게 다가가서 몸을 숙여 반려묘의 눈높이에 맞춥니다.

3 계속해서 말을 걸며 행동에 어떤 변화가 있는지 주목합니다. 반려묘의 바디 랭귀지를 관찰하고 동공이 확장됐는지 확인하며 반려묘가 내는 소리를 메모합니다.

4 반려묘가 공격적이거나 겁먹은 것처럼 보이면 (으르렁거리거나 하악질을 하고 눈을 크게 뜨며 동공이 확장되고 귀는 뒤로 젖혀져 있음) 만지려고 하지 마세요.

아래: 반려묘가 평소에 다정하고 공격적이지 않더라도, 다치거나 아픈 경우에는 공격적일 수 있으므로 조심해서 조용히 접근합니다.

반려묘 안심시키기

5 반려묘가 공격적으로 보이지 않으면 (웅크리고 앉아 등은 구부리며 골골거리거나 떨고 있으면) 머리 뒤를 쓰다듬어 안심시킵니다. 반려묘가 가만히 있으면 평소에 하던 대로 계속해서 쓰다듬어 편하게 해줍니다.

잘 따르는 고양이 움직이지 못하게 하기

고양이의 행동이나 보호자가 다른 누군가의 도움을 받을 수 있는지에 따라 반려묘를 움직이지 못하게 하는 방법이 달라집니다. 반려묘가 순하게 따라주지 않으면 다음 페이지의 방법을 시행합니다:

2 다음으로 머리 쪽에 있는 손을 배 아래로 가져가 다리와 몸을 받쳐줍니다.

1 손을 반려묘의 가슴 아래에 넣은 후 보호자의 가슴 쪽으로 들어 올려 반려묘가 보호자의 팔과 몸 사이에 있도록 합니다.

NOTE:
구토를 할 때에는 입마개를 하면 안 됩니다.
질식을 초래하며 사망에 이를 수도 있습니다.

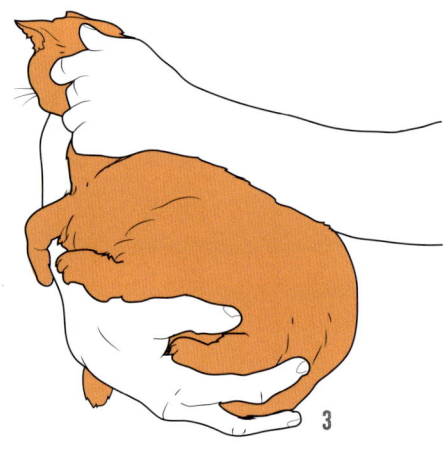

3 다른 손으로 머리가 움직이지 않도록 잡습니다.

잘 따르지 않는 고양이 움직이지 못하게 하기

반려묘가 도망가려고 하거나 사나워질 때는 다음 방법에 따릅니다:

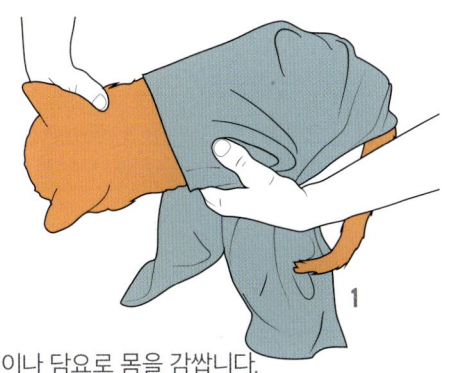

1 수건이나 담요로 몸을 감쌉니다.

2 다리가 모두 담요 안에 들어가게 합니다.

3 담요나 수건을 이용해 들어올립니다.

4 상처 부위만 노출하여 검진합니다.

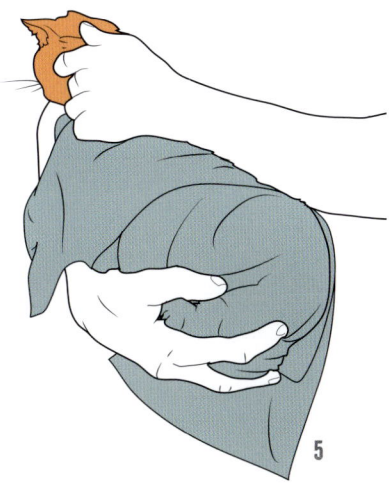

5 머리나 척추에 상처를 입었으면 머리를 고정해야 합니다.

최후의 수단

이 방법은 고양이에게 큰 스트레스가 되기 때문에 사나운 고양이에게만 최후의 수단으로 사용하도록 합니다. 반려묘의 뒷덜미만 잡고 들어 올리는 일은 절대 피해야 합니다. 고통스러우며 근육에 손상을 줄 수 있기 때문이죠. 항상 뒷다리를 같이 받쳐서 들도록 합니다.

- 귀 바로 아래 부분의 뒷덜미를 잡고 고양이를 들어 올립니다.
- 다른 손으로는 뒷다리를 받쳐 줍니다.
- 상처 부위를 똑바로 해서 식탁이나 평평한 곳에 내려 놓습니다.
- 뒷덜미와 뒷다리를 잡고, 뒷덜미는 앞으로 당기고 뒷다리를 뒤로 당겨 조심스럽게 고양이의 몸을 폅니다.
- 반려묘가 가만히 있지 않으면 열려 있는 큰 상자에 넣습니다.

반려묘 이송

초기 검진을 하고 필요한 응급처치를 마쳤으면 이제 반려묘를 캐리어에 넣습니다. 집에 있는 담요나 수건을 캐리어 안에 깔아 주세요. 이동 중 담요가 완충 역할을 하며 고양이가 캐리어 안에서 너무 움직이는 것을 방지하고 담요의 냄새는 고양이를 안심시킬 수 있습니다. 담요로 캐리어를 일부 가리는 것도 반려묘가 안심하는 데 도움이 됩니다.

동물병원까지 직접 운전하고 갈 경우 캐리어는 뒷좌석에 놓고 안전벨트로 고정합니다. 운전하는 동안 반려묘가 마음대로 돌아다니게 해서는 안 됩니다.

뜨거운 여름날에는 반려묘의 체온이 지나치게 상승하는 것에 대비해 수건에 얼음팩을 싸서 캐리어에 넣어 줍니다. 날씨가 춥거나 반려묘가 떨고 있으면 캐리어를 담요로 덮거나 고양이를 수건으로 감싸줍니다. 고양이도 사람과 같이 외상 후에는 쇼크에 빠질 수 있습니다 (116 페이지). 동물병원 방문 시에는 진료 기록지와 함께 구급상자도 지참합니다.

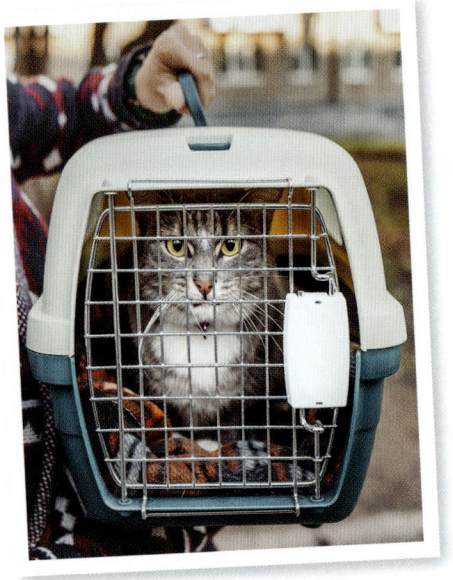

위: 잠자리 담요는 이동하는 동안 친숙함과 안정감을 준다. 잠자리에 다시 둘 때는 꼭 세탁해서 병원 냄새를 없애도록 한다.

➕ 쇼크 응급처치 117 페이지

들것 사용법

반려묘가 반응이 없고 척추 부상이 의심된다면 담요나 수건을 팽팽하게 당겨서 들것을 만들 수 있습니다. 판자를 이용해 들것을 만들 수도 있습니다.

들것으로 사용할 만한 것이 없다면 판자를 몸에 (머리나 목이 아닌) 둘러 고정시킵니다.

한손은 가슴 아래에 두고 다른 손은 엉덩이 아래에 놓는다

판자에 조심스럽게 밀어서 놓거나 들어서 놓는다

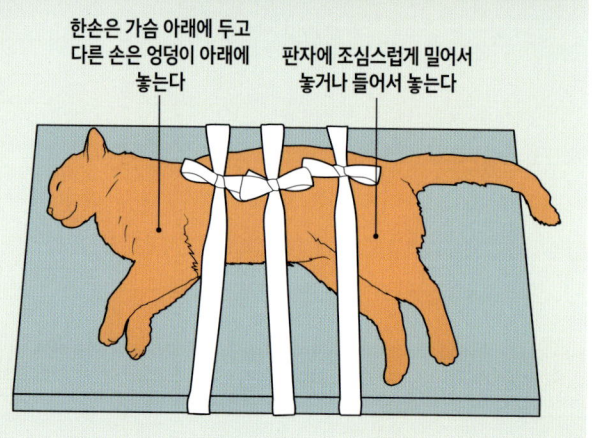

캐리어 선택시 주의점

중고 캐리어도 사용하는 데는 전혀 문제가 없으며 각 부분이 잘 고정돼 있고 연결 부위가 잘 유지되고 있는지를 확인하세요.

- 플라스틱이나 유리 섬유로 만든 캐리어가 가장 안전하며 편안합니다.

- 위나 앞, 또는 옆에 입구가 있는 캐리어가 스트레스를 줄이는 데 제일 좋습니다. 반려동물을 상단 입구를 통해 넣고 앞이나 옆 문을 통해 빼낼 수 있습니다.

- 전선에 피복을 입힌 우리 모양의 캐리어도 사용 가능하나 플라스틱 캐리어만큼 편하지는 않습니다. 이런 캐리어의 바닥은 누수 방지 기능이 없을 수 있습니다.

- 부드러운 재질의 캐리어도 튼튼하고 통풍이 되며 반려묘에게 맞는 크기라면 사용 가능합니다. 이런 캐리어는 충격 보호나 누수 방지 기능이 없을 수 있습니다.

반려묘 이동시 꿀 팁

- 고양이를 안정시키는 인공 페로몬 제품을 캐리어 안에 뿌립니다.
- 캐리어 안에 간식이나 캣닢을 둡니다.
- 캐리어 하나에 여러 마리를 넣지 않습니다.
- 담요로 캐리어를 일부 가립니다.
- 차 안의 소음을 최소화하며 이동 내내 반려묘에게 조용한 목소리로 말을 겁니다.
- 차창은 닫습니다.
- 차 안의 온도는 반려묘에게 편안한 온도를 유지합니다.
- 조심해서 운전하며 급정거나 급커브는 피합니다.

고양이를 캐리어 위로 넣기...

...고양이를 앞 문으로 빼내기

부드러운 재질의 캐리어는 가볍고 보관하기 용이하나 보호력은 떨어진다.

경미한 상처 소독과 드레싱

먼저 라텍스나 고무 장갑을 착용합니다. 고양이가 물어서 생긴 상처의 종기나 농양은 보호자의 피부를 오염시키고 감염을 일으킬 수 있습니다.

경미한 상처 소독하기

1. 제일 먼저 지혈을 합니다 (137 페이지).

2. 고양이를 잘 제어하며 보이는 상처를 검진합니다.

3. 상처에 큰 물질이 박혀 있는 것 같으면 그대로 두고 동물병원으로 데리고 갑니다.

4. 상처가 깊으면 세척하지 말고 깨끗한 거즈나 천으로 덮은 뒤 동물병원으로 데리고 갑니다.

5. 상처에 박힌 물질이 없고 깊은 상처는 아닌 것 같으면, 젤을 바르고 이발기나 끝이 뭉뚝한 가위를 사용해 상처 주위의 털을 조심스럽게 자릅니다.

NOTE:
보호자와 반려묘 모두에게 더 큰 상처를 입힐 수 있기 때문에 반려묘가 스트레스를 받거나 거부하면 진행하지 않습니다.

6. 생리식염수를 (80 페이지) 상처 부위에 부어 씻어냅니다.

7. 손가락으로 상처 부위의 부스러기를 제거하거나 문지르지 않도록 합니다.

8. 상처의 주변 부위는 건조되지만, 상처 자체는 건조되지 않습니다. 상처를 수건이나 종이로 건드리면 안 됩니다. 상처에 더 심한 외상을 입혀, 상처의 가장자리에서 이동하는 치환상피세포를 없애서 상처 치유를 방해할 수 있습니다.

상처 부위에 젤을 발라서 상처 주변 털을 자를 때 방해가 되지 않도록 한다

경미한 상처의 드레싱

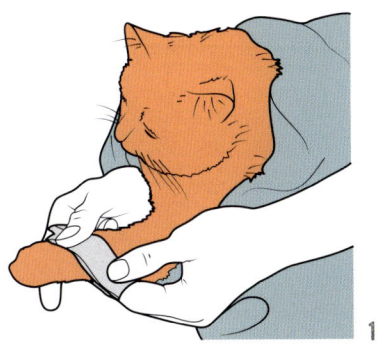

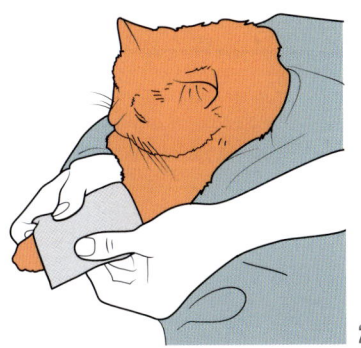

1 멸균된 비접착식 거즈를 상처에 대고 면 붕대로 덮습니다.

2 상처 부위 보다 약 10cm 이상 더 넓게 두 겹의 거즈를 덧댑니다.

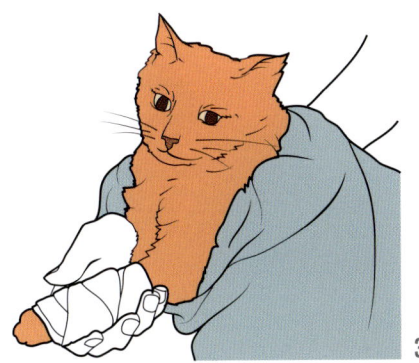

3 상처 부위의 거즈를 고정하기 위해 붕대로 감쌉니다. 단단하게 감되 너무 꽉 조이지 않게 합니다. 붕대 안으로 손가락 두 개가 들어갈 공간이 확보되도록 주의합니다.

부드러운 소재의 넥카라

4 붕대가 깨끗하고 건조하게 유지되도록 합니다. 필요할 경우 상처 부위의 과도한 그루밍을 방지하기 위해 넥카라를 사용합니다 (172 페이지).

5 24시간 마다 드레싱을 교체합니다.

NOTE:
부종, 악취, 분비물, 발적 현상이 보이면 동물병원에 데려갑니다.

털과 피부과적 문제

반려묘의 털 관련 질환은 기생충, 알레르기 또는 영양문제로 인해 발생할 수 있습니다. 심하게 핥고, 그루밍하고, 긁고, 피부나 털을 물어 뜯으면, 피부 밑이 붓고 부분 탈모가 생기거나 털이 심하게 빠질 수 있는데 이럴 경우 동물병원에 데려가세요.

왼쪽: 진균성 피부 감염은 여러 형태로 발생할 수 있고 일부 고양이는 유전적으로 감염에 취약하다. 진균 감염은 기저 질환이나 알레르기로 인해 발생할 수 있다.

위: 반려묘에게 벼룩 알레르기가 있으면 보통 엉덩이와 머리, 목 주변을 과다하게 긁거나 병변, 탈모 같은 징후가 보인다.

털이 오염됐을 때 깨끗하게 씻기기

반려묘의 털이 페인트 같은 위험 물질로 오염될 경우 다음 순서를 따릅니다:

1 오염 물질을 핥으면 넥카라를 사용해 핥지 못하게 합니다 (172 페이지).

2 흐르는 온수를 사용해 오염 물질을 최대한 많이 제거합니다.

3 오염 물질을 제거하기 위해 페인트 제거제와 같은 다른 물질을 사용하지 마세요.

4 국소 부위의 오염일 경우 오염된 털을 자르는 것도 생각해 보세요.

5 동물병원에 가서 진정제를 투여해 반려묘를 목욕시킵니다.

오염된 털과 발

오른쪽: 농포성 피부 병변은 농포라고 하는 피부 위의 작은 크기의 고름이 찬 돌기다. 물리거나 긁어서 피부 장벽이 손상될 때 생기며 박테리아가 침투하여 감염을 일으킬 수 있다. 알레르기 반응 역시 가려움증을 일으키며 작은 농포가 올라오게 한다.

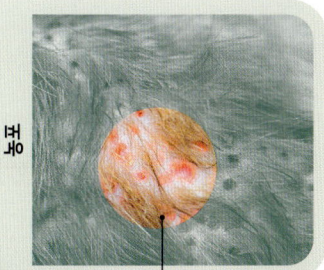

농포

아래: 알레르기성 피부염은 음식이나 벼룩에 대한 알레르기에 의해 발생하며 가려움증과 발적 현상, 탈모를 일으킨다. 아토피성 피부염은 흔하지는 않은 질환으로 집먼지 진드기나 나무와 목초 꽃가루에 의해 발생한다.

알레르기성 피부염

안과적 문제

눈은 매우 섬세한 기관으로 눈 부위의 상처를 제대로 치료하지 않으면 심각한 질환이 될 수 있습니다.

아래: 반려묘의 눈에 작은 부유물이 있으면 조심해서 닦아 낸 다음 깨끗한 천으로 덮어주고 생리식염수로 눈을 씻어준다.

감염된 눈은 생리식염수로 씻어주고 재감염을 막기 위해 매번 깨끗하게 닦아준다

생리식염수 만들기

생리식염수는 상처와 부비강두개골 속의, 코 안쪽으로 이어지는 구멍, 눈을 세척하는 데 사용합니다. 시중에서 판매하는 멸균 생리식염수를 비치해 두었다가 필요시 사용합니다. 부득이한 경우 다음 순서대로 만들 수 있습니다:

- 물 500ml를 끓인 후 미지근해 질 때까지 식힙니다.
- 한 티스푼의 소금을 물에 녹입니다.

고양이의 눈

눈꺼풀, 각막, 동공, 홍채, 순막, 수정체, 공막, 망막, 휘판, 시신경, 맥락막

순막, 동공, 홍채, 세 번째 눈꺼풀

위: 고양이는 위 눈꺼풀, 아래 눈꺼풀과 함께 순막이라고 불리는 세 번째 눈꺼풀이 있다. 순막은 안구 전면을 덮는 투명한 분홍색의 얇은 막으로 눈을 촉촉하고 깨끗하게 유지하는 여분의 보호막이다.

안과적 문제 81

눈 질환 치료법

- 반려묘의 눈에서 흘러나오는 것(색깔이 있고 딱딱하거나 액체일 수 있음)이 있으면 따뜻한 물로 적신 깨끗한 천을 사용해 부드럽게 닦아줍니다.

- 눈이 안와에서 빠진 경우에는 생리식염수로 눈을 촉촉하게 유지하며 축축한 천을 눈 위에 덮어줍니다.

- 눈에 출혈이 있을 경우 비접착식 거즈 패드로 부위를 누릅니다. 패드를 고정하는 데 붕대를 사용할 수도 있습니다. 10분 동안 패드를 고정해서 누릅니다. 피가 거즈에 다 스며들어 바깥으로 새어 나오면 다른 거즈를 덧댑니다. 혈액응고를 방해할 수 있으므로 가장 아래의 거즈는 그대로 둡니다.

- 천공은 없지만 눈 안에 떠다니는 물질이 있으면 끓인 후 식힌 물로 씻어냅니다.

위의 어떤 상황이라도 가능한 한 빨리 동물병원에 데려가야 합니다. 눈이 붓거나 탁하고 찰과상이나 찢어진 데가 있을 때, 눈을 제대로 뜨거나 감을 수 없고 세 번째 눈꺼풀(코에 가장 가까운 쪽에서 눈을 가로지르는 분홍색 막)이 감겨 있을 때는 바로 동물병원으로 가야 합니다.

아래: 눈은 매우 섬세한 기관이다. 반려묘의 눈에 상처가 나고 붓고 탁하며 통증이 있는 것 같으면 동물병원으로 데리고 가야 한다.

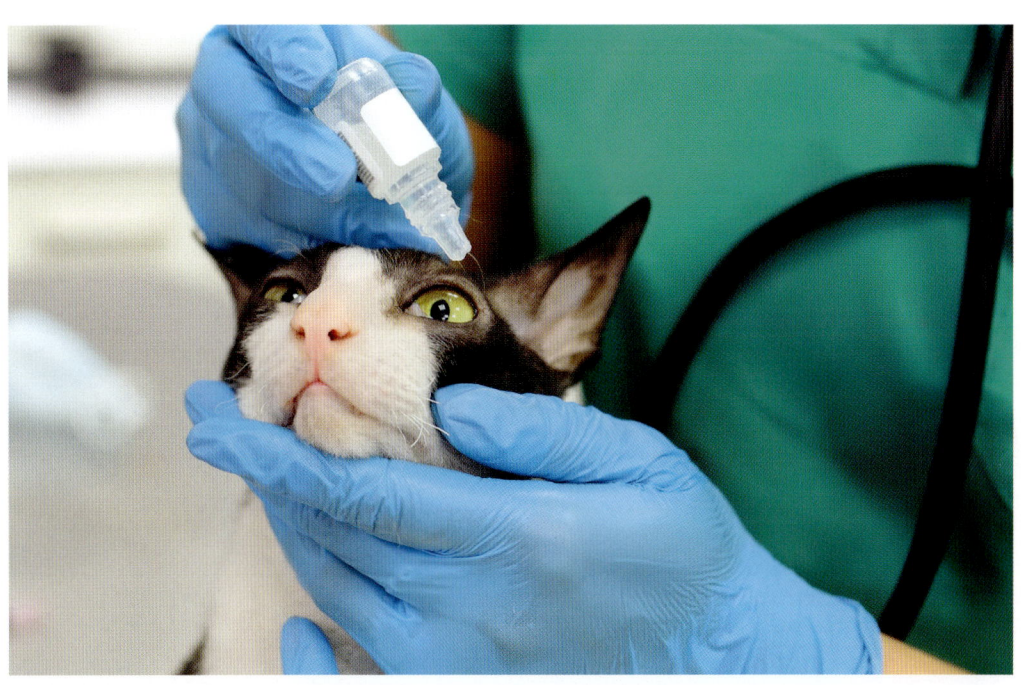

갇힌 고양이 구조하기

나무 위에서 꼼짝 못 하는 고양이는 흔히 볼 수 있는 일입니다. 고양이의 발톱은 오르기에 매우 효율적으로 발달했으며 고양이는 나무 타기의 명수입니다. 올라가는 실력에 비해 내려오는 실력은 썩 좋지 못합니다.

고양이는 찬장의 틈이나 벽 뒤의 길을 능숙하게 찾습니다. 반려묘가 갇혔는데 건강 상태가 괜찮아 보이면 너무 당황하지 마세요. 다음 페이지의 글 상자를 보면, 고양이를 구조할 때 활용 가능한 간단한 방법들이 있습니다.

어떻게 해야 할지 모를 때는 다른 사람에게 도움을 청하세요. 소방서에 구조를 요청해 볼 수도 있지만 소방서에서는 보통 도움을 얻기 힘듭니다.
고양이가 갇힌 장소에 따라 수목 재배가, 건축업자, 배관공에게 도움을 요청해 볼 수 있습니다.
구조하러 나무 위로 올라갈 때는 할퀼 것에 대비해 원예용 장갑이 필요할 수 있습니다. 데리고 내려올 때 사용할 수 있도록 간식을 넣은 캐리어도 함께 전달 합니다.

아래와 오른쪽: 일단 고양이를 품에 안으면 도망가지 못하게 아주 꽉 붙잡는 게 중요하다. 고양이가 갑자기 품에서 도망간다 해도 손을 뻗어 잡으려고 하면 위험할 수 있다.

갇힌 고양이 구조법

나무나 구조하기 힘든 장소에 갇힌 반려묘를 구조하기 위해서는 다음의 순서에 따릅니다:

1 주위 환경을 외부 자극이 없도록 조용하게 유지합니다. 아이들은 다른 곳에 있게 하고 반려묘는 멀리 떨어져 있게 합니다.

2 반려묘를 소리 내어 부릅니다.

3 좋아하는 장난감을 내놓습니다.

4 좋아하는 사료를 가져와서 반려묘가 갇힌 곳 근처에 놓고 자리를 뜹니다. 주위에 관심을 끌 만한 것이 없고 사료만 남겨져 있으면 고양이가 자력으로 나오려고 애쓸 수 있습니다.

5 반려묘의 근처에 레이저 포인터를 비춰 빠져나올 수 있는 경로를 알려줍니다.

위: 반려묘는 갇히면 불안해할 수 있다. 진정시키기 위해 조용하고 부드러운 목소리로 말을 건다.

앞의 방법들이 모두 효과가 없으면, 그 다음 날에는 좀 더 적극적인 구조법으로 전환해야 합니다. 반려묘가 여러분의 손이 닿지 않는 매우 높은 곳에 있으면 고양이가 내려올 수 있도록 사다리로 사용할 만한 것을 만들어 줍니다. 사다리가 없다면 주위의 나뭇가지 등으로 쉽게 내려올 수 있는 이동 경로를 만들어 줄 수 있습니다.

위와 아래: 갇힌 고양이를 구조하는 최고의 방법은 평소에 좋아하던 것들을 이용하는 것이다. 안전하게 돌아올 수 있도록 제일 좋아하는 장난감을 사용해 유인한다.

수술 후 돌보기

수술 후에 수의사는 반려묘를 돌보는 법과 약 처방에 대해 알려 줍니다. 수의사의 처방을 잘 따르도록 합니다. 반려묘를 데리러 갈 때는 종이와 펜을 지참하여 수의사의 지시를 메모하는 것도 좋습니다. 수의사가 동의한다면, 수의사의 지시사항을 스마트폰으로 녹음할 수도 있습니다. 수의사의 처방에 모르는 부분이 있을 때는 동물병원에 전화해서 문의하도록 합니다.

수술 후 편안하게 해주기

반려묘는 보통 수술 후에는 평상시와 다르게 느낄 수 있으므로 집으로 돌아오면 편하게 느끼도록 최선을 다합니다. 잠자리는 다른 반려 동물이나 사람을 피해 조용한 곳으로 옮기는 것이 좋습니다.

마취에서 깨어나서 처음에는 졸릴 수 있으니 편하게 쉬게 하고 되도록 방해하지 마세요. 12시간 뒤에도 평상시 모습으로 돌아오지 않으면 무슨 문제가 있는지 수의사에게 문의합니다.

수술 후 사료 먹이기

반려묘는 수술 후 몇 시간 동안은 먹지 않으려 할 수 있습니다. 배고파질 때에 대비해서 좋아하는 사료를 약간 놓아 두고 물 그릇은 깨끗한 물로 가득 채워 놓습니다. 사료를 먹고 소화할 수 있으면 한 시간 뒤 사료를 약간 더 줍니다. 마취하는 동안 기관에 삽입한 튜브로 인해 수술 후 기침을 약간 할 수도 있으나 보통 며칠 후에는 없어집니다.

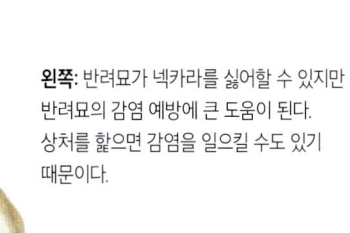

왼쪽: 반려묘가 넥카라를 싫어할 수 있지만 반려묘의 감염 예방에 큰 도움이 된다. 상처를 핥으면 감염을 일으킬 수도 있기 때문이다.

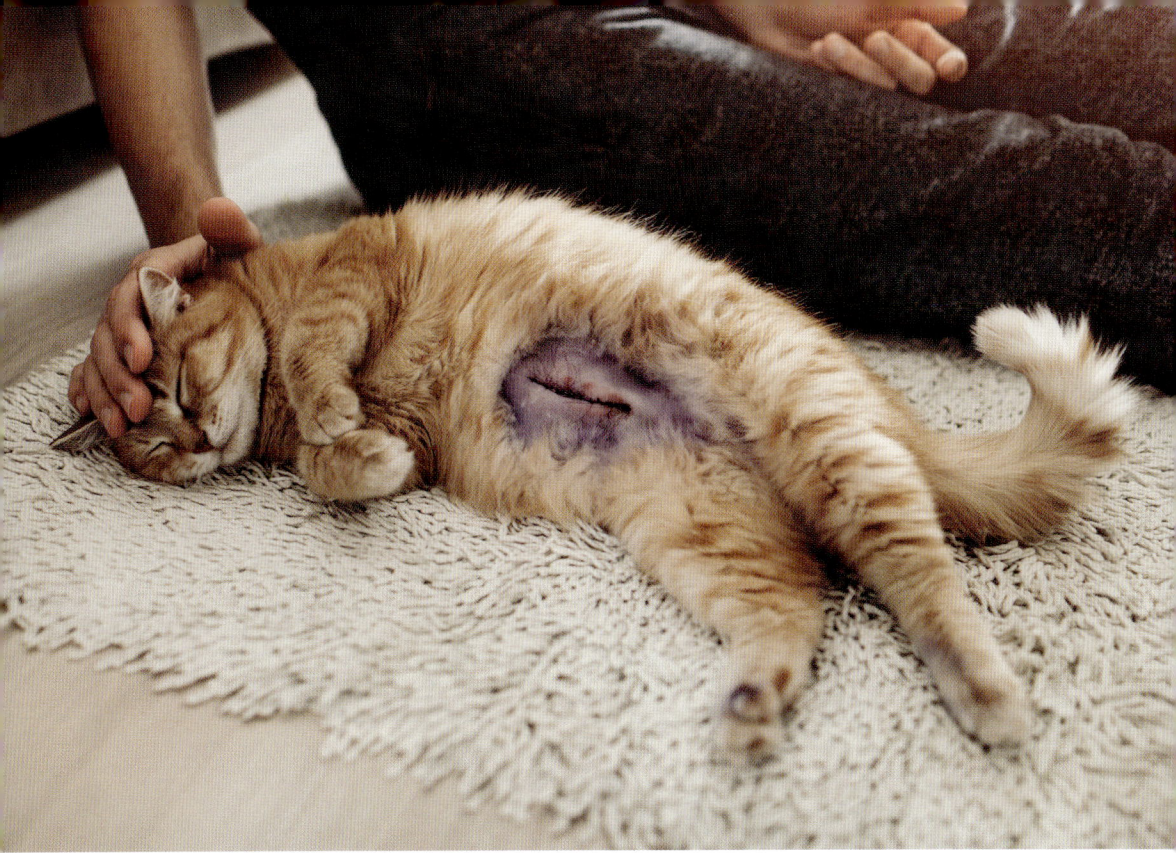

수술 후 외출 관리

반려묘가 완전히 회복될 때까지 실내에 머무르게 하고 지나치게 활동하지 않도록 합니다. 수의사의 권고에 따르며 수의사가 괜찮다고 할 때만 바깥에 내보내세요. 수술 후 반려묘의 활동은 최소 1주일 후에 가능하며 수술에 따라 더 길어질 수도 있습니다.

수술 상처 관리하기

반려묘가 상처를 꿰맸으면 10일에서 14일 후에는 실밥을 풀러 동물병원으로 가야 합니다. 수술 시 녹는 실을 사용했다면 실밥을 풀러 가지 않아도 됩니다.

위: 수술 후에는 졸릴 수 있으므로 최대한 방해하지 말고 마음껏 편한 대로 자게 내버려 둔다. 위 고양이의 피부 위에는 보라색 항균 스프레이가 뿌려져 있다.

상처 부위는 매일 확인하고 출혈, 분비물, 발적 현상, 부종 같은 특이사항이 있으면 동물병원에 확인합니다. 반려묘가 통증을 느끼거나 시간이 지나도 낫지 않고 나빠지는 것 같을 때도 역시 동물병원에 전화하도록 합니다.

상처 부위가 반려묘가 핥을 수 있는 위치라면 치유되는 동안 넥카라를 착용시킬 필요가 있습니다. 잘 때를 포함해서 항상 넥카라를 착용하도록 하세요.

상처 관리하기

동물병원에서 상처 치료를 하거나 보호자가 직접 경미한 상처를 세척 및 드레싱할 수 있습니다. 이 두 경우 모두 반려묘의 감염을 예방하고 빨리 치유되도록 상처 관리가 필요합니다.

상처와 붕대를 깨끗하고 건조하게 유지하도록 하세요. 고양이는 천성적으로 상처를 핥고 긁을 수 있습니다. 반려묘가 상처나 드레싱을 핥거나 긁고 씹으면 넥카라를 씌워줘야 합니다. 넥카라는 가까운 동물병원에서 구입하거나 집에서 직접 만들 수도 있습니다 (172 페이지).

위와 왼쪽: 수술 후, 반려묘를 관찰하며 상처가 감염되지 않도록 조치한다. 넥카라를 사용할 수 있다.

왼쪽과 아래: 드레싱 갈아주기에 자신이 없다면 동물병원에 가서 시범을 통해 배워보도록 한다.

붕대는 매일 (동물병원에서 권고한다면 더 자주 갈 수도 있음) 갈아줘야 합니다. 붕대를 가는 과정이 어렵고 반려묘가 잘 따라주지 않으면 동물병원에서 붕대를 갈도록 합니다. 상처가 부었거나 냄새가 나고 분비물이나 발적 현상이 있을 때도 동물병원에 데리고 가야 합니다. 상처가 눈에 띄게 회복되기 전까지 최소한 하루에 한 번은 꼭 세척해야 합니다 (76 페이지).

동물병원에서 처방한 약은 꼭 지시대로 투여하도록 합니다.

➕ **경미한 상처 소독과 드레싱 76 페이지**

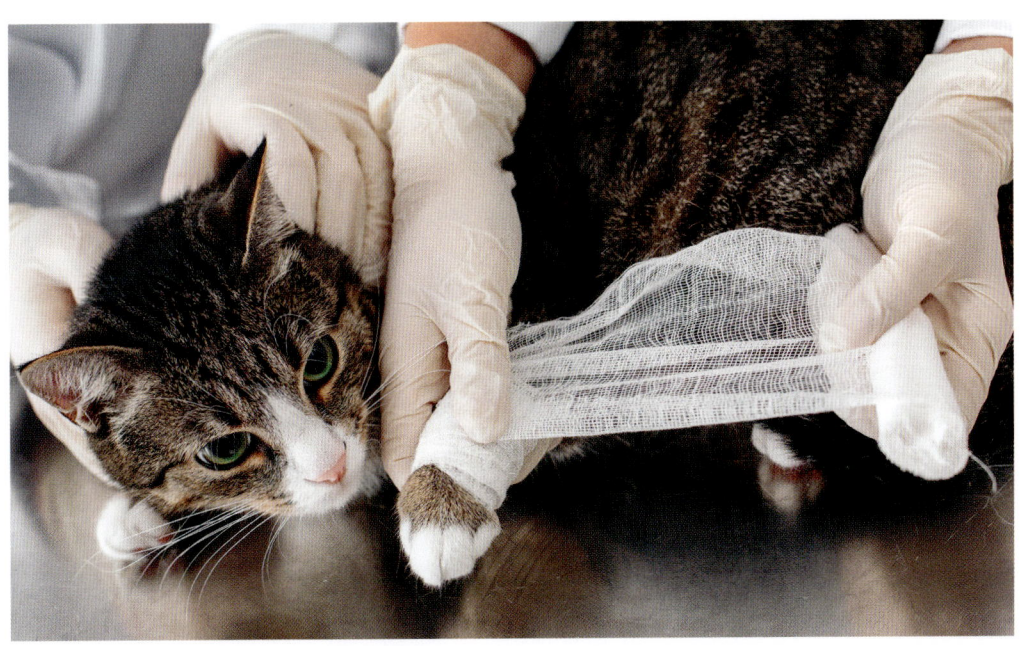

투약

병원에서 약을 처방 받을 때는 수의사가 투약 방법 (예, 경구용인지 눈 연고인지), 투여 횟수 (하루에 몇 번인지), 치료 과정이 얼마나 걸리는지 등에 대해 자세히 설명해 줍니다.

반려묘가 회복된 것처럼 보여도 수의사가 처방한 대로 끝까지 약물 투여를 마쳐야 합니다. 처방에 기억나지 않는 부분이 있으면 주저하지 말고 병원에 전화해서 문의해 보세요.

위와 아래: 집에서 약물 투여를 해야 할 때 수의사가 투여 방법에 관해 설명해 줄 것이다. 투여 방법을 잘 모르겠다면 시범을 보여 달라고 요청한다.

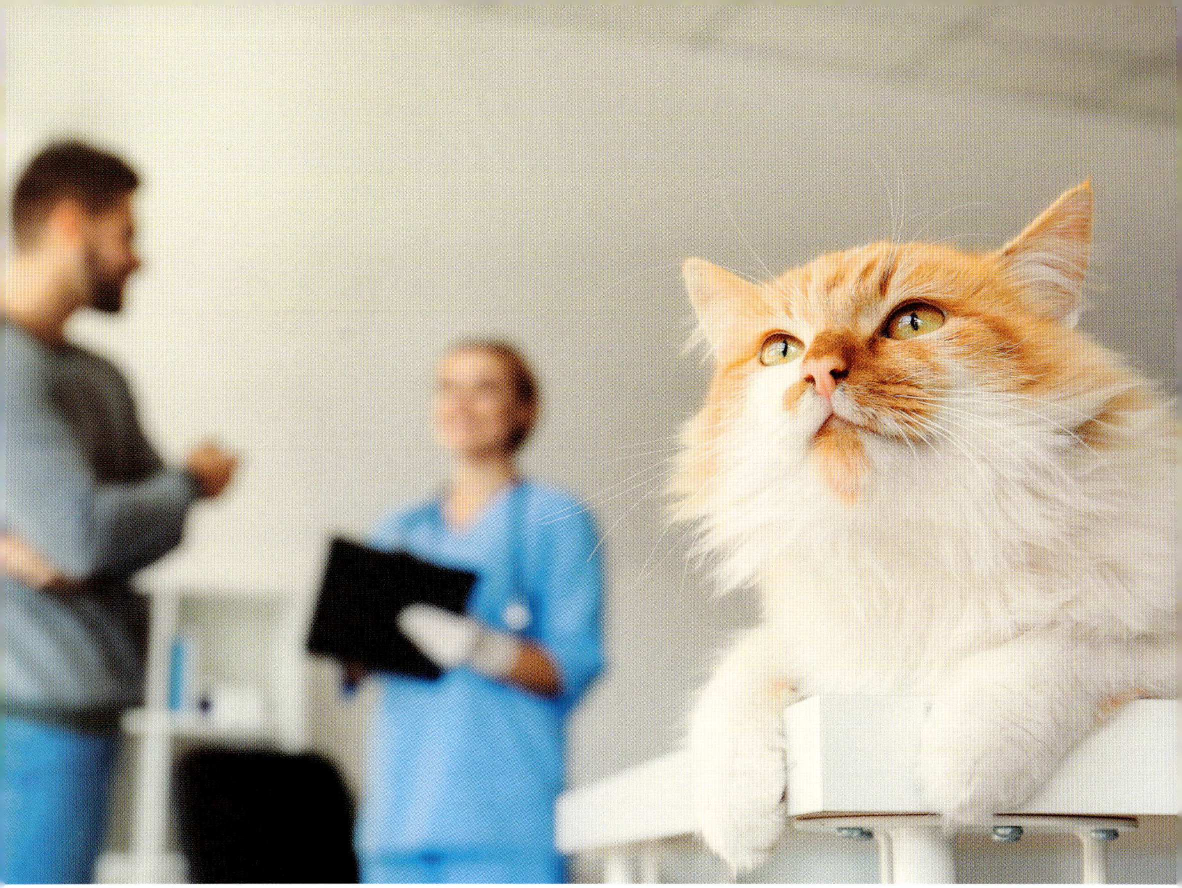

처방이 그다지 까다롭지 않더라도 꼭 메모해서 보관하도록 합니다. 약 먹는 시간을 종이에 쓰거나 문서로 만들어서 주방에 붙여 놓고 표시해 가며 제시간에 투약하고 있는지 확인하는 것도 좋은 방법입니다.

위: 반려묘에게 약 먹이기가 아무래도 자신이 없으면 병원에서 대신해 줄 수 있는지 확인해 보도록 한다.

아래: 수의사의 처방 내용을 다 기억하지 못할 수도 있다. 종이에 적은 후 잘 보관하여 실수를 피하도록 하자.

> **NOTE:**
> 처방전을 잘 읽고 처방전에 따라 약물을 보관하도록 합니다. 혹시라도 부작용이 있으면 바로 병원에 연락하세요.

반려묘의 입 벌리는 법

경구용 약을 먹이기 위해 반려묘의 입 벌리기:

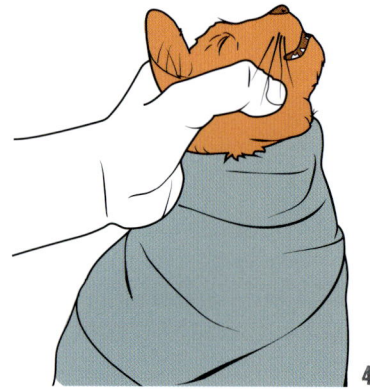

1 반려묘를 수건 위에 앉히거나 할퀼 것 같으면 수건으로 "부리토" 모양으로 감싼 후 머리만 나오게 합니다.

4 엄지와 검지를 약간 움직여 턱의 모서리 쪽으로 오게 합니다. 이 위치에서 머리를 올리면 입이 약간 벌어집니다.

2 평소 쓰지 않은 쪽의 손으로 머리를 잡아 입을 벌리게 합니다.

5 턱을 약간 벌린 채 다른 손의 검지 끝을 송곳니 사이의 잇몸 위에 넣습니다.

3 검지를 반려묘 얼굴의 한쪽 옆면에 놓고 엄지를 다른 쪽 옆면에 놓아 이마 주위를 움켜잡습니다.

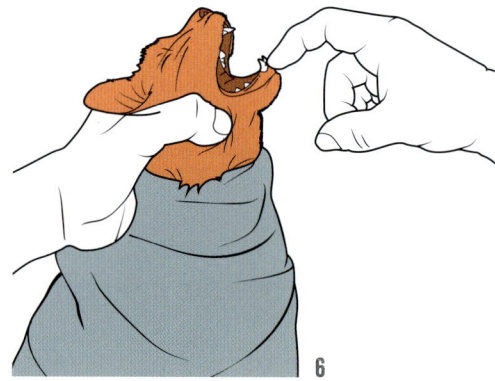

6 같은 손으로 검지를 아래턱의 송곳니 사이에 놓습니다. 이곳을 살짝 눌러 입을 벌리게 합니다.

반려묘에게 알약 먹이기

입을 벌리게 한 뒤에는 다음 순서에 따릅니다:

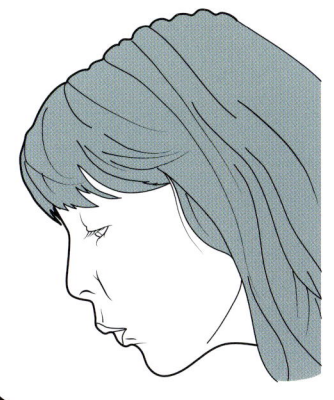

1 혀 가운데에 입 안쪽으로 알약을 떨어뜨립니다. 어려우면, 손가락을 반려묘의 입에 넣을 필요가 없도록 "알약 투약기" 사용을 고려해 봅니다.

2 반려묘를 놓아주기 전에 약을 삼켰는지 지켜봅니다.

3 약을 삼켰는지 확인이 안 되면 삼키는 걸 볼 때까지 다문 입을 잡고 있습니다.

4 목을 아래로 쓰다듬고 코에 살짝 바람을 불어서 약을 삼키도록 자극합니다.

5 약을 삼킨 것을 확인한 후 놓아줍니다.

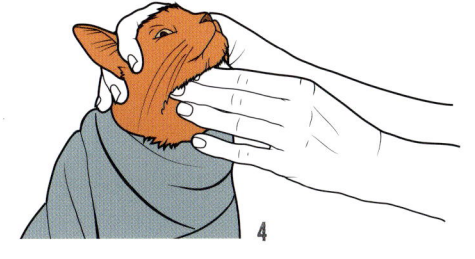

1 손잡이를 맨 끝까지 잡아당긴다

2 알약을 넣는다. 고무 손잡이의 끝이 분리돼 있어 모든 크기의 알약을 사용할 수 있다

3 입의 옆쪽으로 투약기를 집어넣은 후 손잡이를 눌러 목구멍 깊숙이 알약을 투입한다

위와 오른쪽: 알약 투약기로 경구 투약을 훨씬 쉽게 할 수 있는 데 특히 반려묘의 입에 손을 넣기가 불편할 경우 도움이 된다.

물약 먹이기

입을 벌리게 한 뒤에는 다음 순서에 따릅니다:

1 머리를 평평하게 합니다 (뒤로 젖히지 않는다).

2 입은 주사기가 들어갈 정도만 벌립니다.

3 입 한쪽의 치아와 볼 사이에 주사기를 넣습니다.

4 천천히 투약하며 이따금씩 멈춰 고양이가 삼킬 수 있도록 합니다.

수의사가 처방한 정확한 양을 투여함

위와 오른쪽: 약을 투여하기 전에 먼저 설명서를 주의 깊게 읽은 후 정확한 양을 주사기에 준비한 후 투약한다.

사료와 함께 투여하기

사료에 알약을 숨기는 것도 좋은 투약 방법입니다. 모든 약을 사료와 함께 줄 수는 없기 때문에 이 방법으로 투약하기 전에 꼭 동물병원에 확인해 봐야 합니다.

효과적으로 약을 사료와 함께 투여하기 위해 다음 순서에 따릅니다:

1 알약이 들어있는 식사를 주기 전에 몇 시간 동안 금식을 시킵니다.

2 사료를 주기 전에 평상시 습식 사료에 알약을 숨겨서 조금 줘 봅니다.

3 반려묘가 눈치를 채고 알약이 들어있는 원래의 사료를 먹지 않으면 좋아하는 사료에 숨기거나 알약을 숨기기 위해 특별히 고안된 간식인 "필 포켓"을 이용합니다.

고양이가 배가 고프고 사료양이 적을수록 알약을 먹게 될 가능성이 크다

오른쪽과 아래: 반려묘가 평소의 사료에 들어있는 사료를 먹지 않으면 참치 통조림이나 다른 캔에 든 생선, 혹은 필 포켓을 사용한다.

> **NOTE:**
> 수의사가 권하지 않은 경우에 알약을 가루로 만들어서 사료에 섞어 주지 마세요.

귀 약 넣기

어떤 고양이는 귀 약을 잘 참지만 일부 고양이는 잘 참지 못할 수 있습니다.

효과적으로 귀 약을 투여하기 위해 다음 순서에 따릅니다:

1 설명서를 읽은 후 투약 전 정확한 양을 확인합니다.

2 반려묘를 제어하기 위해 편안한 자세로 앉아 무릎에 앉히거나 서서 평평한 곳에 올려놓습니다.

3 고양이가 할퀼 것 같으면 담요로 감싸서 발은 안으로 들어가고 머리만 내놓도록 합니다.

4 담요를 사용하든 안 하든 상관없이 평소 쓰지 않는 팔을 이용하여 고양이의 자세를 잡아줍니다.

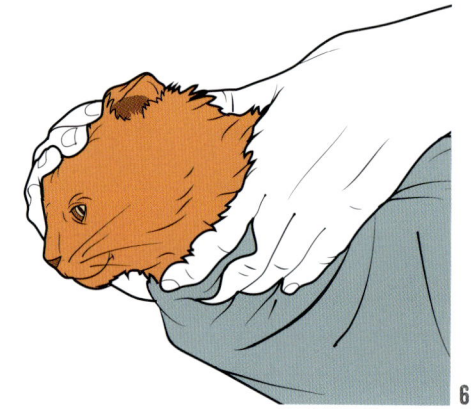

6 귀를 뒤로 접어 외이도가 보이게 합니다.

7 약물 투여 전에 귀 청소가 필요하면 지금 단계에서 귀 청소를 합니다 (귀 청소 순서는 95 페이지 참조).

8 귀 청소가 끝나면 귀 약을 투약합니다.

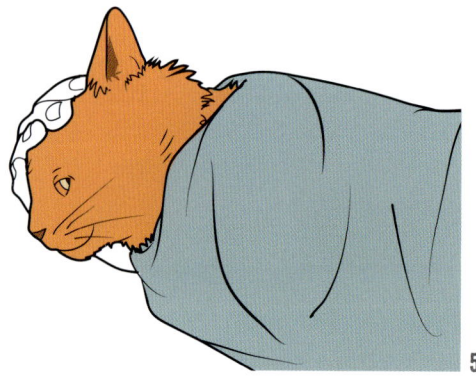

5 평소 쓰지 않는 손으로 반려묘의 머리를 잡아서 치료받을 귀가 천장을 향하게 합니다.

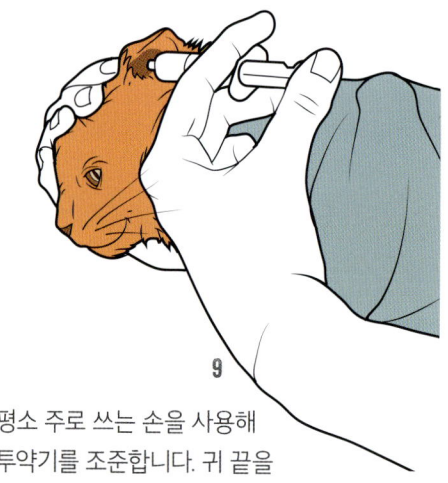

9 평소 주로 쓰는 손을 사용해 투약기를 조준합니다. 귀 끝을 건드리지 않게 조심합니다.

10 처방 받은 분량의 약물을 외이도에 서서히 떨어뜨려 넣습니다.

11 고양이가 가만히 있으면 귀를 잡은 후 약이 외이도 전체에 도달하도록 약 30초 정도 귀밑 연골을 부드럽게 마사지합니다.

12 잡은 귀를 놔주어 반려묘가 귀를 털 수 있게 해줍니다.

13 깨끗한 탈지면으로 귀에서 흘러나온 귀지를 닦습니다.

귀 청소하기

반려묘의 귀를 청소할 때 다음 순서를 따릅니다:

1 탈지면에 귀 청소액을 묻혀 사용합니다.
면봉은 귀를 다치게 할 수 있어서 사용하지 않습니다.

2 귀 청소액을 외이도에 짜서 흘려 넣으며 투약기의 끝이 귀 안에 들어가지 않도록 조심합니다.

3 외이도에 용액이 가득 차게 합니다.

4 고양이가 가만히 있으면 귀를 잡은 후 약이 외이도 전체에 도달하도록 약 30초 정도 귀밑 연골을 부드럽게 마사지합니다.

5 깨끗한 탈지면으로 귀에서 흘러나온 귀지를 닦습니다.

6 반려묘가 귀를 털 수 있게 해줍니다.

7 귀지나 흘러나온 귀 청소액을 정리하기 위해 탈지면으로 귓바퀴를 다시 한번 닦아줍니다.

귀 청소액

위: 귀 약 투여 후나 귀 청소액 사용 후 반려묘가 머리를 흔들 때 약물과 귀지가 빠져나올 수 있다.

안약 투여하기

다음 순서에 따라서 안약을 넣는 게 좋습니다:

1 손을 깨끗이 씻습니다.

2 반려묘를 제어하기 위해 편안한 자세로 앉아 무릎에 앉히거나 서서 평평한 곳에 올려 놓습니다.

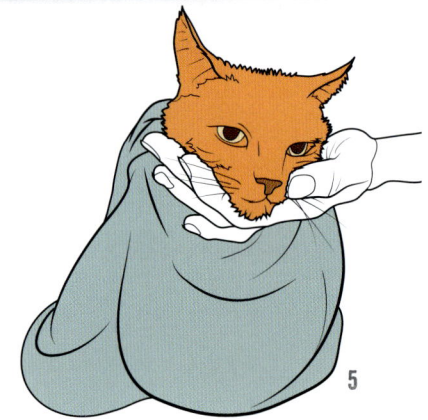

3 할퀼 것 같으면 담요로 감싸서 발은 안으로 들어가고 머리만 내놓도록 합니다.

4 담요를 사용하든 안 하든 상관없이 평소 쓰지 않는 팔을 이용하여 자세를 잡아줍니다.

5 평소 쓰지 않는 손으로 머리를 움직이지 못하게 잡습니다. 손을 턱 밑으로 부드럽게 넣으며 엄지는 턱 한쪽에, 나머지 손가락은 다른 쪽 턱에 놓습니다.

6 투약 준비가 되면 부드럽게 머리를 위로 향하게 합니다.

7 눈이 깨끗한지 검사합니다.

8 분비물이 있으면 눈 세척액이나 온수로 씻어줍니다. 탈지면(각 눈에 한 개씩)에 용액을 조금 묻혀 눈 주위를 부드럽게 닦아줍니다.

위 오른쪽: 안약 투여 전 반려묘의 눈을 검사해서 물기가 있거나 분비물이 있으면 먼저 깨끗이 닦아준다.

투약 97

오른쪽: 수의사는 필요할 경우 안약을 처방하며 구급상자에 탈지면으로 만든 솜뭉치와 코튼 패드를 구비해야 한다.

> **NOTE:**
> 구급상자의 다 쓴 비품은 꼭 새로 채워 넣도록 합니다.

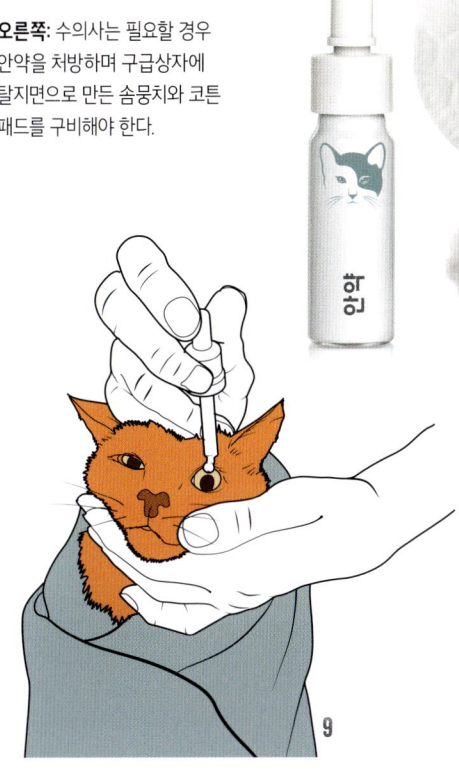

10 아래 눈꺼풀을 부드럽게 잡아당겨 틈을 만든 후 용기를 꽉 짜서 처방 받은 분량만큼 안약을 떨어뜨립니다. 안약이 일단 눈에 들어가면 추가 조치가 없어도 약은 눈 전체에 퍼집니다.

11 약이 성공적으로 눈에 들어가면 안약이 눈 전체에 퍼질 동안 반려묘를 부드럽게 제어합니다. 반려묘의 눈은 만지지 말고 반려묘가 눈을 비비지 못하도록 몇 분 동안 꼼짝 못 하게 잡고 있으면 됩니다.

9 눈에서 3cm 정도 거리에 투여기 끝을 위치시킵니다. 투여기 끝이 눈의 모든 부위를 포함해 어느 부위도 건드리지 않게 합니다.

> **NOTE:**
> 반려묘가 안약 투여 시 잘 따라주지 않을 수 있지만, 집에서 꼭 할 수 있어야 합니다.

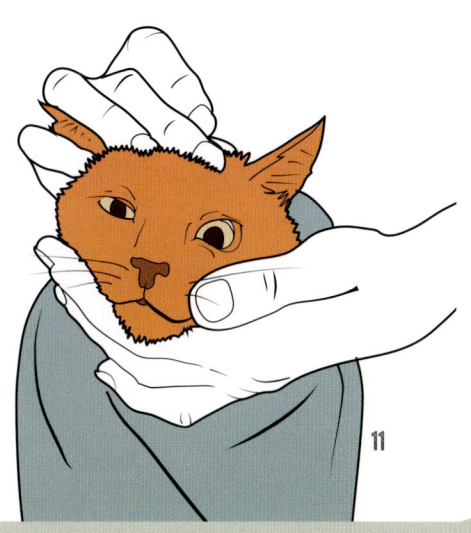

의료용 샴푸로 목욕시키기

고양이는 보통 스스로 몸을 깨끗하게 유지하는 데 매우 능숙합니다. 정기적으로 그루밍을 하기 때문에 사람처럼 목욕을 꼭 할 필요는 없습니다. 몇 안되는 목욕을 즐기는 고양이가 아니라면 의료용 샴푸로 치료해야 하는 경우를 제외하고 목욕은 피해야 합니다. 끈끈하거나 지저분한 곳에서 뒹굴었을 경우에는 목욕이 필요합니다.

대부분 고양이는 목욕하는 것에 잘 적응하지 못하며 스트레스를 받습니다. 그러나 목욕이 필요한 경우, 보호자와 반려묘 모두 스트레스를 줄일 수 있는 방법이 있습니다. 먼저 반려묘가 편안하고 진정돼 있을 때, 가령 식사 후 같은 시간을 고릅니다.

아래: 반려묘가 발버둥을 치며 나오려 애쓸 때 억지로 목욕을 시키려 하지 말고 잠시 휴식을 취하게 한다. 비눗물이 남아있으면 나중에 다시 헹구기를 시도한다.

목욕하기 전, 뭉치거나 엉킨 털을 먼저 빗기면 목욕하기가 훨씬 쉽습니다. 스트레스를 받는 상황에서 반려묘가 할퀼 것 같으면 발톱을 자르고 (24 페이지) 시작하는 것이 좋습니다. 목욕을 도와줄 사람이 있다면 함께 목욕을 시키는 것도 좋습니다. 목욕 중 할퀼 것에 대비해 두껍고 긴 소매의 옷을 입는 것이 좋습니다. 장갑을 끼는 것도 방법입니다.

고양이 장난감으로 유도할 수도 있는데 반려묘가 장난감과 노는 동안에 물을 조금 부어 주면 물에 익숙해지는 좋은 방법이 됩니다.

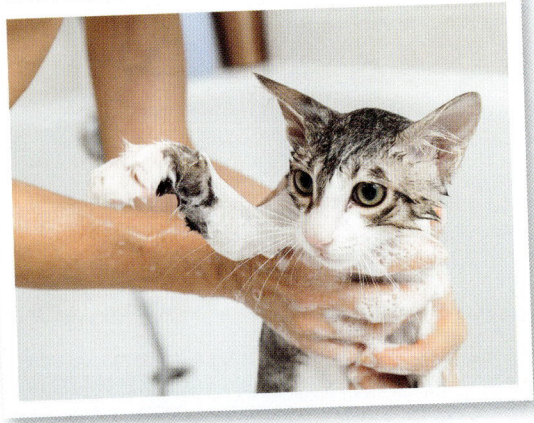

NOTE:
사람이 사용하는 샴푸나 컨디셔너를 사용하면 안 됩니다.

의료용 샴푸로 목욕시키기 99

반려묘 목욕 시 필요한 도구

- 적당한 욕조
  (욕조나 큰 양동이, 싱크대)
- 고양이 전용 샴푸
  (필요할 경우 컨디셔너도 준비)
- 수건
- 샤워용 수건
- 큰 주전자나 통
- 고양이 하네스 (있을 경우)
- 빗

대야나 싱크대

수건

빗

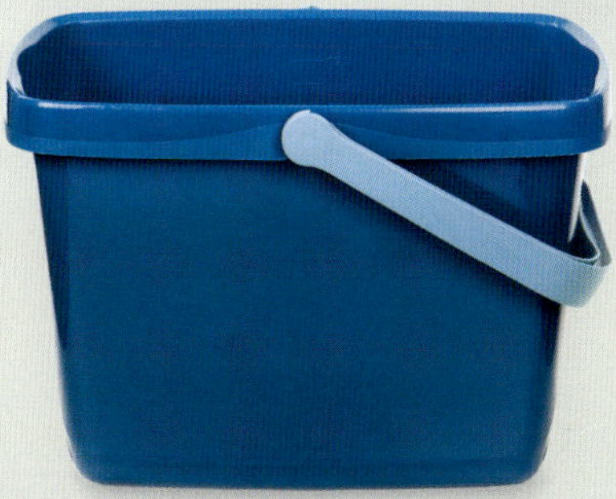

큰 양동이

고양이 전용 샴푸

욕실용 바가지

오른쪽: 반려묘가 힘든 상황에서 자주 도망쳤다면 목욕하는 동안 부드럽게 제어할 수 있는 고양이 하네스를 사용해 본다.

의료용 샴푸 사용하기

다음 순서대로 하는 것이 가장 좋습니다:

1 반려묘가 움켜쥘 만한 매트나 수건을 욕조 바닥에 깝니다.

2 목욕탕 문을 닫고 다른 반려동물이 들어오지 못하게 합니다.

3 딱 맞는 양의 미지근한 물 (3cm에서 5cm)로 욕조를 채웁니다.

4 하네스가 있으면 채워줍니다.

5 반려묘를 욕조에 넣기 전에 물이 뜨겁지 않은 지 점검합니다.

6 반려묘의 스트레스를 줄이기 위해 조용하고 부드러운 목소리로 계속 말을 겁니다.

7 반려묘와 싸우거나 반려묘를 야단치지 마세요. 반려묘가 목욕을 참지 못하면 중단하고 다른 날에 다시 하거나 수의사와 상의합니다.

위: 조용한 목소리로 반려묘에게 말을 걸며 물은 딱 필요한 만큼, 즉, 3cm에서 5cm면 충분하다.

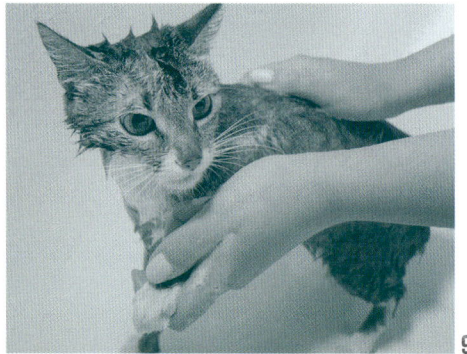

8 반려묘가 목욕을 잘하면 바가지로 욕조의 물을 퍼서 끼얹습니다. 샤워기로 물을 바로 뿌리면 고양이가 스트레스를 받게 되며 불안해 할 수 있습니다.

9 샴푸 적당량을 아픈 부위에 사용합니다 (몸 전체에 사용할 때는 목부터 아래로 사용).

의료용 샴푸로 목욕시키기 **101**

10 눈, 귀, 코, 입은 피해서 털 속으로 샴푸를 마사지합니다.

11 샴푸를 완전히 헹구는 데 샴푸는 남기지 말고 깨끗이 씻어내야 합니다. 고양이가 많이 겁먹지 않는다면 욕조에서 꺼내서 욕조 물을 갈아주거나 샤워기로 헹궈줍니다.

12 반려묘 얼굴은 젖은 샤워용 수건으로 눈과 입을 피해 부드럽게 닦아줍니다.

13 수건으로 부드럽게 말립니다. 젖은 털의 물을 털어낸 다음 부드럽게 비벼줍니다.

14 수건이 다 젖으면 마른 새 수건으로 바꿉니다.

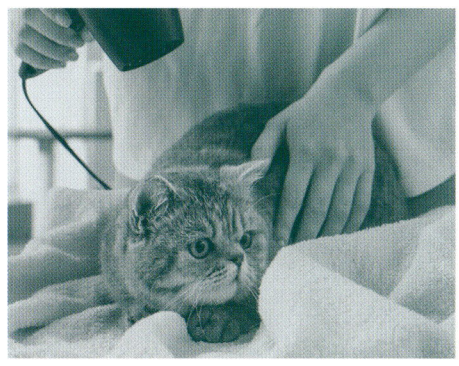

15 장모종 고양이면 빗질을 하고 마른 수건으로 남은 물을 닦아냅니다. 고양이가 싫어하지 않으면 헤어 드라이어기의 따뜻한 바람 (뜨거운 바람은 안됨)을 사용할 수도 있습니다.

16 간식, 쓰다듬기, 놀이 등으로 반려묘에게 상을 줍니다. 고양이가 목욕을 긍정적인 느낌과 연관시킬 수 있으며 이후 목욕이 더 쉬워질 수 있습니다.

왼쪽: 목욕이 끝났으면 수건으로 부드럽게 말리며 최대한 물을 털어내 준다.

임신 확인

중성화 수술 전에 암컷 반려묘를 바깥에 내보내면 임신 가능성이 현저히 커집니다. 고양이는 4개월만 되도 임신 가능하며 이후 발정기는 약 14일 주기로 돌아옵니다.

암컷 반려묘가 발정이 나면 행동이 크게 달라집니다. 흔히 보이는 행동으로는 바닥에 뒹굴기, 영역 표시하기, 콜링_{발정기 시 수컷을 부르는 소리}이 있습니다. 수컷 고양이는 사람보다 빨리 이 신호를 감지하기 때문에 반려묘가 발정기임을 알아차렸을 때는 이미 수컷과 반려묘가 짝짓기를 한 이후일 수도 있습니다. 사실 여러 마리의 수컷이 반려묘와 짝짓기를 했을 수 있어서 이후에 태어난 새끼 고양이들의 아빠는 여러 마리일 수가 있습니다.

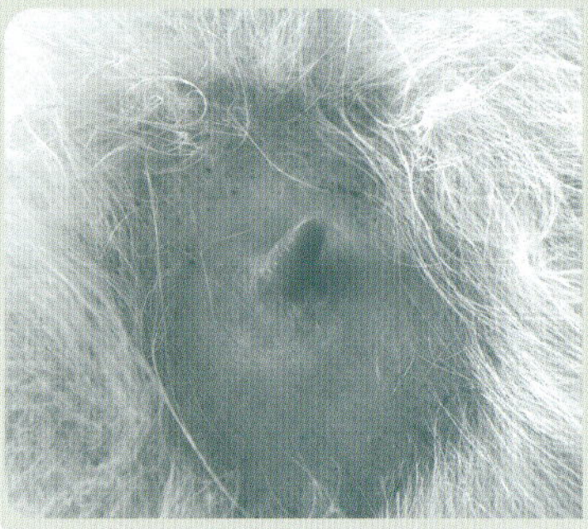

돌출된 젖꼭지

짝짓기

임신 확인 103

위: 암컷 반려묘가 발정기가 되면 짝짓기 준비가 된 온갖 색과 연령의 수컷들이 집 앞에 모여 있는 것을 볼 수 있다.

NOTE:

임신, 출산 과정, 신생묘에 관한 정보는 162 페이지를 참고하세요.

반려묘가 임신했다는 신호

처음의 몇 주 동안에는 임신한 티가 거의 나지 않기 때문에 반려묘가 임신했다는 것을 모를 수 있습니다. 몇 주가 지나면 젖꼭지가 나오고 색깔도 더 분홍색이 되죠. 반려묘가 더 많이 먹고 몸무게도 늘며 나중에는 유선이 완전히 부풀어 오른 것을 알게 됩니다. 애완동물 용품 가게에서 임신묘를 위해 특별히 고안된 식단을 구매할 수 있는 데 임신묘는 충분한 영양 섭취를 위해 하루에 여러 번 식사를 해야 합니다.

식욕의 증가

왼쪽: 처음의 신체적, 행동적 신호를 눈치챘을 때는 이미 임신 후 여러 주가 지난 때일 것이다.

재난 상황에서 반려묘 안전하게 지키기

여러분에게 재난 상황이 실제로 발생하지 않을 수도 있지만, 다양한 재난 상황이 발생할 수 있으므로 미리 대비해 두는 것이 좋습니다. 이번 장은 화재나 임박한 기상 이변 같은 응급상황 발생 시 반려묘와 어떻게 대비할지에 대한 지침을 제공합니다. 어떤 경우라도 미리 재난에 대비한 계획을 세우고 가족과 공유하는 것이 최상입니다.

미리 생각해 둘 것들

반려묘의 은신처는?
화재나 자연 재난이 발생했을 때, 반려묘는 놀라서 자신만의 은신처로 도망갈 수 있습니다. 이런 장소는 보통 사람 눈에 잘 안 띄는 외진 곳입니다. 가족 모두가 반려묘가 숨기 좋아하는 곳을 알고 있는 것이 좋습니다. 이웃과 사이가 좋으면 이런 정보를 귀띔해 놓는 것도 좋겠죠. 이웃에게 여벌의 열쇠를 맡기고 기회가 있을 때 반려묘를 소개하고 캐리어를 보관하는 장소를 알려주세요. 여러분의 부재 중, 재난 상황이 발생하면 반려묘를 안전하게 지켜줄 수 있을 겁니다.

캐리어에 익숙한가?
응급상황 시에는 반려묘를 캐리어에 즉시 들여보내야 합니다. 반려묘 수만큼의 캐리어를 준비해서 편리한 곳에 보관하도록 하세요. 반려묘가 캐리어를 좋아하지 않으면 캐리어를 오랜 시간 내놓고 그 안에서 게임을 하거나 간식을 숨겨놓거나 해서 캐리어를 즐겁고 안전한 곳으로 인식하게 합니다. 반려묘가 소변이나 대변을 볼 경우를 대비해 캐리어 안에 흡수력이 있는 잠자리도 마련합니다.

반려묘가 지낼 수 있는 곳은?
집에서 대피할 경우 반려묘가 지낼 수 있는 곳을 생각해 둡니다. 잠시 동안 반려묘를 맡아줄 수 있는 친구나 가족이 있나요? 가장 가까운 피난처나 반려묘가 숙박 가능한 호텔은 어디인가요?

잃어버린 반려묘가 발견됐을 때 보호자에게 연락할 수 있는 방법은?
반려묘와 떨어지게 됐을 때 반드시 반려묘를 식별할 수 있도록 합니다. 인식표를 달아주고 동물병원에 데려가 마이크로칩도 등록하세요. 반려묘가 실내묘인 경우에도 적용됩니다. 보통의 경우 반려묘가 도망갈 일은 없겠지만 재난 상황에서는 발생할 수 있는 일입니다. 반려묘가 집을 찾아오지 못할 수도 있습니다. 반려묘에게 마이크로 칩을 이식하고 최신 정보로 갱신해서 반려묘를 잃어버렸을 경우에도 다시 찾을 가능성을 높이도록 합니다.

➕ 화상 131 페이지
➕ 익사 147 페이지
➕ 쇼크 응급처치 117 페이지
➕ 경미한 상처 소독과 드레싱 76 페이지

아래: 반려묘를 대피시키거나 가둬두어야 할 때를 대비해 재난 용품을 평소에 갖춰 응급상황에 미리 대비한다.

응급 대비 용품

- 기본적인 구급상자
- 방수 용기에 보관된 7일 치의 충분한 건식 사료 (신선도의 유지를 위해 한달에 한 번씩 교체한다)
- 충분한 7일 분량의 병에 든 생수
- 식별용으로 구조자에게 보여줄 수 있는 반려묘의 최근 사진
- 페이퍼 타월 / 배변용 모래
- 일회용 알루미늄 제빵용 용기 같은 고양이용 임시 화장실
- 반려묘에게 필요한 약품
- 동물병원 및 동물 보호소 연락처

7일치의 생수

약품

기본적인 구급상자

응급용 고양이 화장실

배변용 모래

화재

고양이는 곧잘 물건을 쳐서 넘어뜨립니다. 촛불이나 화염을 건드리는 위험한 상황도 드물지 않습니다. 집에서 초를 사용하지 않는 것도 생각해 볼 만합니다. 촛불을 켰을 때는 반드시 누가 옆에 있도록 하고 완전히 꺼진 것을 확인하고 방을 나오도록 하세요.

반려묘가 부엌 조리대를 탐색하다가 우연히 가스레인지를 켜게 될 가능성이 있으면 가스레인지용 안심 손잡이 덮개를 설치하는 것이 좋습니다.

마지막 예방 조치는 소방관에게 집에 몇 마리의 반려동물이 있는지를 알리는 창문용 스티커입니다. 집의 앞문과 뒷문에 모두 붙이도록 하세요.

아래: 반려묘를 화재에서 구조한 후, 외관상 상처나 병이 없어도 꼭 동물병원에 가서 검진을 받도록 한다.

오른쪽: 홍수로 불어난 물은 더러우며 종종 위험한 화학 물질이 유입돼 있다. 근처에서 홍수가 났을 경우 최대한 반려묘를 물에서 멀리 떨어뜨려 놓는다.

최악의 사태가 발생해 반려묘가 화재 현장에 있을 경우, 여러분이 일단 안전한 곳으로 이동하고 반려묘의 상태를 확인합니다. 구조팀은 반려동물용 산소마스크를 지참하고 있으므로 반려묘의 호흡에 문제가 있으면 구조팀에 꼭 도움을 요청합니다. 반려묘가 멀쩡한 것처럼 보여도 즉시 동물병원에 데려가 수의사가 부상과 연기 흡입 여부 등을 검진할 수 있게 하세요.

홍수

홍수가 나기 쉬운 지역에 거주한다면 홍수 경보에 대비할 수 있는 일들이 많습니다. 먼저, 지방 자치 단체에 고양이를 비상 피난소에 데려갈 수 있는지를 알아봅니다. 가능하지 않다면 비상 상황 시 반려묘를 맡아줄 친구나 가족을 알아봅니다.

홍수 경보가 발령되면 반려묘를 집 안에 머물게 합니다. 홍수로 불어난 물은 더럽고 반려묘가 마시거나 걸어 다니기에는 위험합니다. 집 안의 모든 화학품을 높은 곳으로 옮겨서 물이 더 불어날 때 발생할 수 있는 오염을 방지합니다.

사료, 잠자리, 식기, 구급 상자, 진료 기록지, 고양이 화장실 등 반려묘의 모든 필수품을 위층의 안전한 곳으로 옮깁니다. 피난 가야 할 때를 대비해 캐리어도 위층으로 가져갑니다. 홍수 경보가 지속되는 동안 반려묘를 진정시키기 위해 장난감도 약간 챙기세요. 피난 가기 전, 반려묘를 다른 안전한 곳으로 옮기는 것도 생각해 봅니다. 이렇게 하면, 유사시 보호자와 반려묘의 스트레스를 줄일 수 있습니다.

대피할 때는 반려묘를 데리고 안전한 곳으로 갑니다. 비상 대피소, 친구 집, 고양이 위탁 보호소, 고양이 호텔이 고려할 만한 장소입니다. 짐을 쌀 때는 위에서 나열한 반려묘 필수품들을 잊지 않도록 합니다.

홍수가 났을 때 반려묘를 집에 두고 갈 수밖에 없다면 위층에 격리하는 게 제일 좋습니다. 충분한 사료와 물을 준비하고 반려묘가 집 안에 있다는 메모를 현관에 두세요. 또, 근처의 동물 보호소나 지방 자치단체 같은 곳에 연락해서 도움을 줄 수 있는지 문의해 봅니다. 집이 단층이라면 반려묘의 탈출 경로를 확보해 둡니다. 캐리어나 켄넬 안에 반려묘를 놓아 두면 안 됩니다.

지진

지진이 자주 발생하는 지역에 거주할 경우, 지진은 종종 사전 경고 없이 발생하므로 대책을 세워 두는 것이 중요합니다. 지진이 임박하면 붕괴하는 건축물이나 떨어지는 재로부터 보호할 수 있도록 반려묘를 캐리어에 넣는 것이 최상입니다. 지진이 발생했을 때 반려묘를 캐리어에 넣을 시간이 없으면 반려묘를 안고 있는 것보다 자유롭게 놔주는 것이 좋습니다.

지진이 진행되는 동안, 여러분 자신을 먼저 보호하세요. 바닥에 엎드려 머리를 보호할 것을 찾고 뭔가 꽉 잡고 있으세요. 반려묘는 안전한 피난처를 찾을 수 있으며 보통 이런 스트레스 많은 상황에서 사람의 손길이 닿는 것을 원치 않습니다.

위: 기상 이변이 지나갔다고 자연 재해가 끝난 것은 아니다. 주변 지역이 안전하다는 확신이 들 때까지 반려묘는 집 안에 있게 한다.

일단 지진이 지나가면, 깨진 물건들이 생깁니다. 깨진 유리잔과 날카로운 잔여물이 바닥에 있을 수 있습니다. 반려묘가 위험한 구역을 돌아다니지 않게 하세요. 반려묘를 바깥에 내보내기 전에 주변 지역이 안전하며, 날카로운 잔여물이 없는지, 화학 물질 유출로 지저분하지 않은 지 확인합니다.

대형 태풍

큰 태풍으로부터 반려묘를 안전하게 보호하려면 폭풍이 발생하기 전 반려묘가 집 안에 있도록 전력을 다해야 합니다. 반려묘는 심한 기상 이변이 닥치는 것을 직감하고 사라질 수도 있기 때문입니다. 반려묘에게는 위험이 적은 집안이 훨씬 안전하며 여러분이 안전한 곳으로 피난해야 할 때 데리고 가기도 용이합니다.

심한 바람을 동반한 태풍 경보가 발령되면 수건이나 베개 주머니로 반려묘를 감싸 캐리어 안에 넣은 후 지하실이나 창문 없는 방, 또는 찬장 같은 안전한 곳에 둡니다. 구급상자도 꼭 챙깁니다. 가능하면 튼튼한 가구 아래에 캐리어를 두세요. 실외가 안전한 것을 확인하기 전까지는 반려묘를 집 안에 머물게 해야 합니다.

위와 아래: 태풍으로 날카로운 물체, 화학 물질 유출, 불안정한 지표면, 누전 등 수많은 위험 요소들이 남아 있을 수 있다. 실외가 안전한 것을 확인하기 전까지는 반려묘를 집 안에서 지내게 한다.

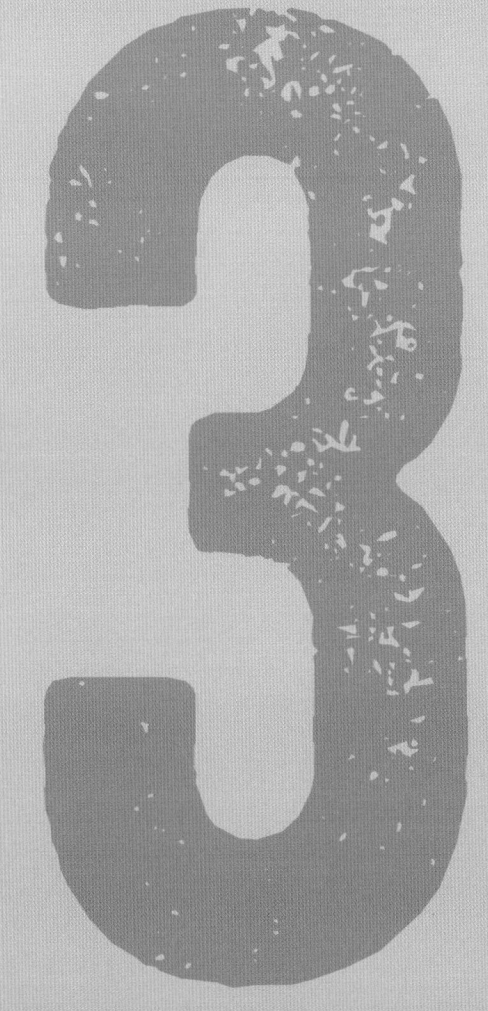

반려묘가 아픈지 어떻게 알 수 있나요?

고양이는 통증을 숨기는 데 기막힌 명수입니다. 고양이가 야생 동물이었을 때는 유용한 기술이었을 겁니다. 통증이 있다는 것은 상처를 입었다는 뜻으로 포식자에게 자신이 쉬운 사냥감임을 홍보하는 셈이니까요. 통증을 숨기는 것은 효과적인 생존 기술이었습니다. 과거에는 생존에 도움이 됐겠지만, 이런 위장 능력 때문에 보호자는 반려묘가 아프거나 다쳤을 때 알아채기가 매우 어렵습니다.

반려묘가 절뚝거리거나 눈에 띄는 상처가 있으면 통증이 있다고 단언할 수 있습니다. 눈에 잘 띄지 않는 상처라도 보호자가 알아낼 수 있는 단서가 있습니다.

보호자는 반려묘의 평소 행동 패턴, 걸음 걸이, 기분 등을 누구보다 잘 알 수 있으므로 반려묘의 평소와 다른 이상 징후를 쉽게 알아 챌 수 있습니다.

웅크린 자세

소변보기 어려움

상처

오른쪽: 신체 또는 행동에서 반려묘가 통증이 있다는 표시를 발견하면 검진을 위해 동물 병원으로 데려간다.

반려묘가 아픈지 어떻게 알 수 있나요? 113

지켜봐야 할 변화

통증이 있는 고양이는 다음 항목에서 변화가 있을 수 있습니다:

- 소리
- 식욕
- 행동
- 움직임
- 그루밍
- 배변과 배뇨
- 눈 모양
- 자세

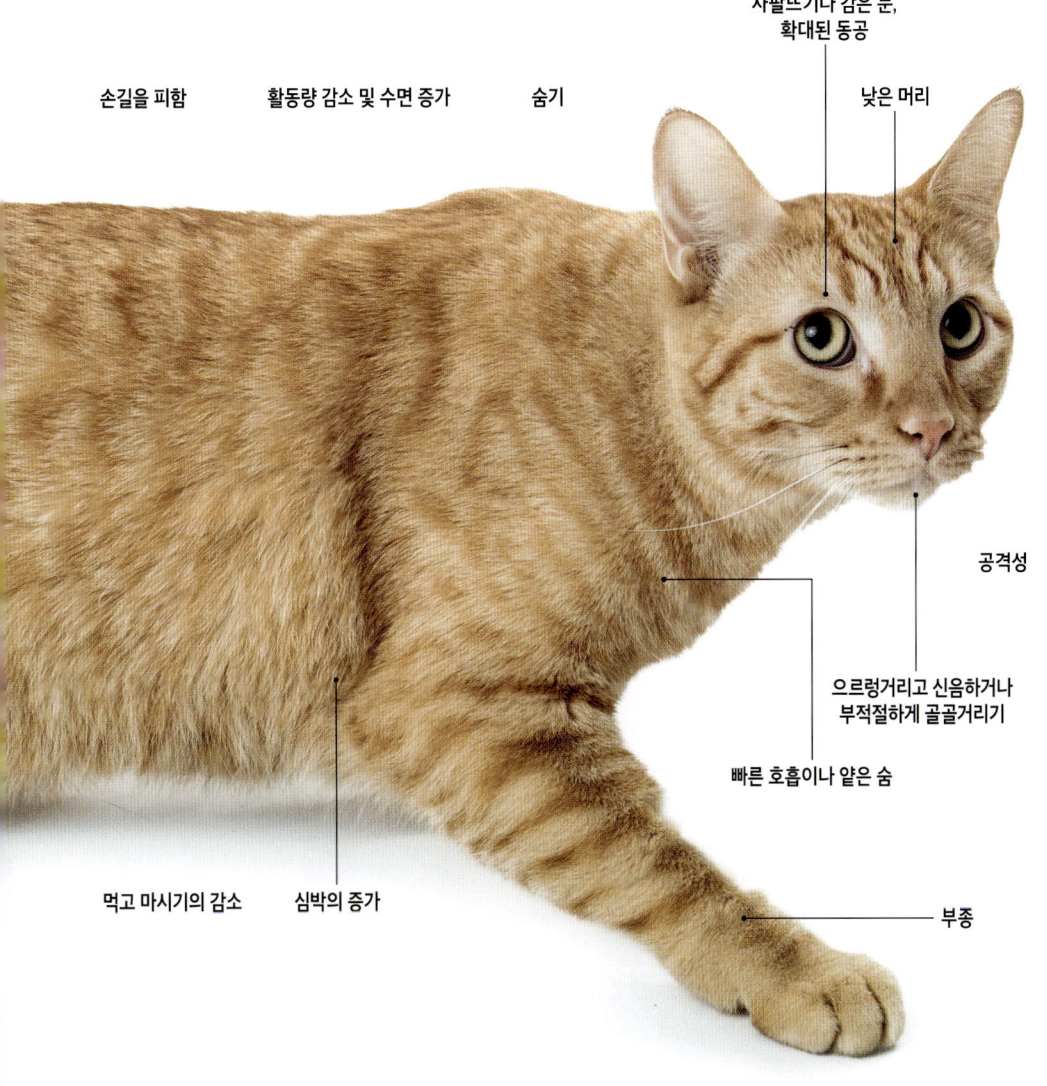

비사교적

사팔뜨기나 감은 눈, 확대된 동공

낮은 머리

손길을 피함

활동량 감소 및 수면 증가

숨기

공격성

으르렁거리고 신음하거나 부적절하게 골골거리기

빠른 호흡이나 얕은 숨

먹고 마시기의 감소

심박의 증가

부종

반려묘가 통증이 있다는 표시

물기와 할퀴기: 아픈 고양이는 훨씬 더 자주 물거나 할퀼 수 있습니다. 고양이의 평소 태도가 어떻든 간에 모든 고양이에게 공통으로 해당하는 사실입니다. 또, 통증 부위를 건드리면 (혹은 건드릴 것 같으면) 공격성을 보일 수 있습니다.

숨기: 반려묘가 오랜 시간 숨어있으면 아픈 것일 수 있습니다.

이상한 소리: 골골거리거나 다른 소리는 아프다는 표시일 수 있습니다. 이 소리에는 으르렁거리기와 신음도 해당합니다.

자세 변화: 오랜 시간을 꼼짝하지 않고 서 있거나 웅크린 자세로 있으며 머리를 낮추는 것은 통증이 있다는 신호입니다.

눈의 변화: 고양이가 아프면 동공이 확대될 수 있습니다. 눈에 통증이 있으면 질환에 따라 동공이 평소보다 커지거나 작아집니다. 사팔눈, 감긴 눈, 충혈된 눈, 밝은 곳을 피하는 것도 아프다는 표시입니다.

그루밍 변화: 반려묘가 통증이 있으면 한 부위를 지나치게 그루밍 하거나 평소만큼 자주 하지 않을 수 있습니다.

만질 때 반응: 통증이 있는 부위를 만지면 반응을 보일 수 있습니다.

움직임 변화: 원인에 따라 아픈 고양이는 움직임이 달라지거나 덜 움직일 수 있습니다. 반려묘의 평상시 걸음걸이와 속도와 비교해 보세요. 도약이 평상시와 같은 지, 움직이기를 꺼리지 않는지 살펴봅니다.

관계 변화: 아픈 고양이는 사람, 반려동물, 놀이에 예전보다 흥미가 줄어들 수 있습니다. 또 사람에게 몸을 비비는 행동도 없어집니다.

왼쪽: 사팔눈과 감긴 눈은 통증의 신호일 수 있다. 반려묘의 자세나 표정에 변화가 없는지 살펴본다.

화장실 변화: 아픈 고양이는 평소와 같이 소변이나 대변보는 것을 힘들어하며 화장실 바깥에 일을 보거나 변비가 될 수 있습니다. 또 소변 시 힘을 많이 씁니다.

활력 수준 변화: 고양이가 아프면 활동성이 감소합니다. 전처럼 많이 뛰어다니거나 놀지 않으며 잠이 많아진 것을 발견할 것입니다.

몸의 변화: 몸에 부은 데가 없는지 살펴보세요. 이것은 분명한 통증의 신호입니다.

식욕 변화: 통증이 있는 고양이는 평소 보다 먹거나 마시는 양이 줄어듭니다. 특히 치아나 구강의 어느 부위가 아플 경우 더욱 그럴 수 있습니다.

호흡 변화: 반려묘의 호흡에 변화가 있다면, 즉 호흡이 가빠졌거나 깊어 졌거나 얕아 졌다면 아프다는 신호입니다.

심박수 변화: 심박수 증가는 반려묘가 아프다는 신호가 될 수 있습니다. 반려묘를 토닥거리는 동안 심박수 변화를 감지할 수도 있습니다. 반려묘가 아픈 것 같으면 심박수를 확인해 보도록 합니다.

기타 성격 변화: 반려묘를 가장 잘 아는 것은 보호자입니다. 콕 집어서 말할 수 없지만, 반려묘의 행동에 뭔가 이상함을 발견할 수 있을 겁니다. 이럴 때는 동물병원으로 데리고 가서 검진을 받도록 하세요.

통증 관리

- 통증의 양태에 따라 반려묘의 생활 환경에 변화를 줌으로써 반려묘의 통증을 덜어줄 수 있습니다. 질환이 움직이는 데 영향을 줄 경우에는 사료, 물, 잠자리, 화장실을 옮겨서 이동이 용이하게 합니다. 또, 표면이 넓고 높이가 낮은 배변통을 사용하여 화장실 출입을 쉽게 할 수 있도록 해줍니다.

- 여러 마리의 반려동물을 키울 경우, 반려묘와 다른 반려동물과의 관계를 눈 여겨 보세요. 반려묘에 통증을 줄 수 있는 거친 놀이나 뒤쫓기 놀이를 하면 안됩니다.

- 집에서 반려묘의 통증 관리를 할 때, 행동이나 활동, 일상 변화에 대한 관찰 노트를 만들도록 합니다. 이후에 관찰 노트를 수의사와 공유합니다.

반려묘의 행동에 이상한 데가 있으면 동물병원에 데려가서 검진을 받으세요. 반려묘가 아프면, 수의사에게 통증 관리 처방을 받습니다. 약, 온열 찜질, 물리 치료, 집 환경, 반려묘 생활 양식의 변화를 통해 통증을 관리할 수 있습니다.

NOTE:
수의사의 처방이 없이 어떤 약물도 임의로 투여해서는 안 됩니다.

쇼크 응급처치

반려묘가 쇼크에 빠지게 되면 몸 속에 충분한 피가 순환하지 않게 되므로 치명적인 결과로 이어질 수 있는 의료상 위급 상황입니다. 동물병원에 즉각 연락해서 반려묘의 증상을 자세히 설명해야 합니다.

반려묘의 잇몸이 창백하거나 하얗고, 발이 차며 의식이 혼탁하고 호흡이 분당 30회 이상으로 빠르고 얕으며 맥박이 약하면 쇼크 상태일 수 있습니다.

아래: 아래의 쇼크 징후가 있다면, 심각한 질병일 수 있다.

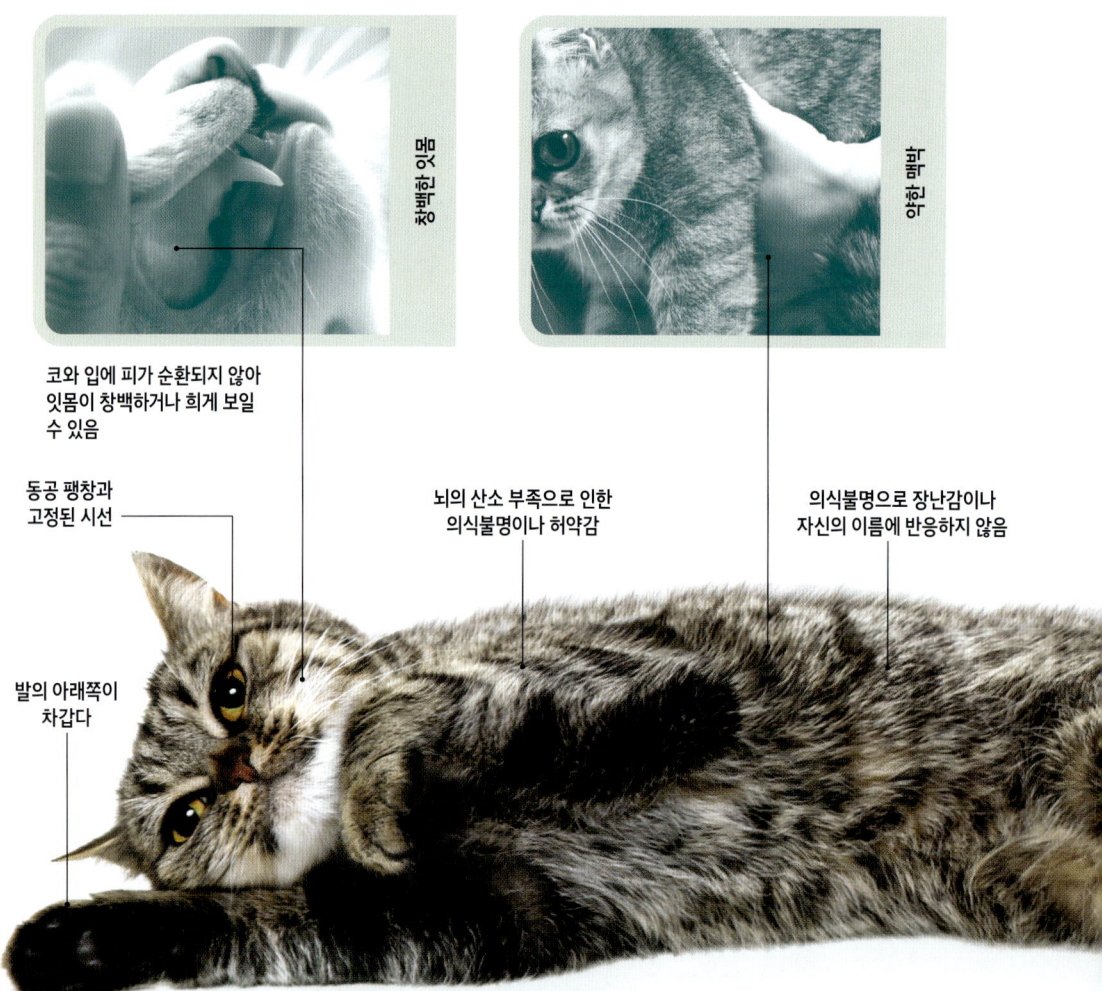

창백한 잇몸

약한 맥박

코와 입에 피가 순환되지 않아 잇몸이 창백하거나 희게 보일 수 있음

동공 팽창과 고정된 시선

뇌의 산소 부족으로 인한 의식불명이나 허약감

의식불명으로 장난감이나 자신의 이름에 반응하지 않음

발의 아래쪽이 차갑다

쇼크 응급처치

쇼크 상태인 것 같으면 다음 순서대로 하세요:

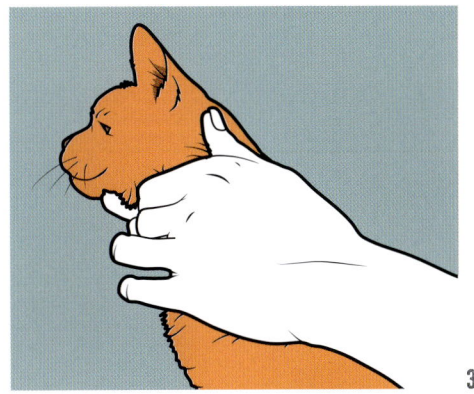

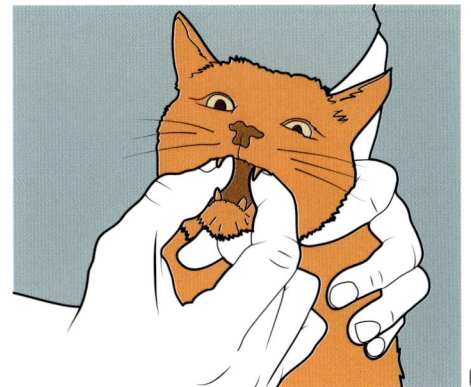

1. 동물병원에 전화해서 반려묘를 병원으로 이송 중임을 알립니다.

2. 반려묘의 측면을 수건에 눕히거나 똑바로 손으로 받쳐서 안전하게 고정시킵니다.

3. 머리를 똑바로 펴서 기도를 확보합니다.

4. 손을 머리 위에 놓고 엄지와 검지를 송곳니 뒤로 집어넣습니다.

5. 부드럽게 머리가 위로 향하게 합니다.

6. 엄지를 입에 밀어 넣은 다음 손가락을 펴서 반려묘의 입을 벌립니다. 혀를 잡아 빼서 기도를 막지 못하게 합니다.

7. 엉덩이에 베개나 접은 수건을 대서 엉덩이가 머리보다 높게 합니다.

8. 잇몸이 창백한지 확인합니다, 잇몸이 원래보다 훨씬 하얗다면 쇼크 상태가 분명합니다.

9. 담요나 수건으로 감싼 후 체온을 따뜻하게 유지하기 위해 뜨거운 물병을 대줍니다.

상처, 부상, 골절이 없으면 혈액순환이 되도록 사지를 마사지한다

NOTE: 반려묘를 즉시 동물병원에 데려갑니다.

질식

반려묘의 기도가 막혀 숨을 못 쉬면 기도가 더 막히지 않도록 신속하게 제어해야 합니다. 반려묘의 목 주위에 숨을 막는 것이 있으면 가위로 조심스럽게 잘라 냅니다.

질식하는 이유

고양이에게 질식이 흔하지는 않지만, 이물질이 목에 걸리거나 감길 수 있어서 이런 경우에는 보호자가 나서서 도와줘야 합니다.

넥카라와 반다나

버클이 있거나, 끝이 날카롭고, 밴드 재질로 만들어진 넥카라는 사용하지 마세요. 똑딱이가 달렸거나 빠르게 분리되는 종류의 넥카라를 고르도록 합니다. 너무 꽉 조이지 않았는지 확인하기 위해 넥카라 안으로 손가락 두 개가 들어가는지 확인합니다. 반려묘의 목에는 아무것도 두르지 않도록 합니다.

뼈

반려묘에게 뼈를 줘서는 안 됩니다. 생 뼈나 익힌 뼈 모두 목에 걸릴 수 있고 질식을 일으킬 가능성이 있습니다. 익힌 뼈는 깨지기 쉬워서 질식 위험을 높입니다.

장난감과 실/털

고양이 장난감 상태를 항상 눈여겨보고 찢어졌거나 질식 위험을 초래할 수 있는 것은 치우도록 합니다. 집 주위에 실 가닥이나 실밥을 남기지 말고 반려묘가 쓰레기통 근처에 다가가지 않도록 최대한 노력하세요.

헤어볼

헤어볼로 인한 문제를 방지하기 위해 정기적으로 빗질해 줍니다. 반려묘의 식단에 꼭 충분한 양의 물과 풍부한 섬유소가 제공될 수 있도록 하세요.

장난감 씹기

크리스마스 트리와 전구

NOTE:

크리스마스 트리의 수많은 방울과 장식들은 반려묘에게 큰 유혹이 됩니다. 호기심 많은 고양이는 크리스마스 전구나 리본, 반짝이 조각과 엉킬 수 있습니다. 많은 장식이 있는 트리 옆에 반려묘를 혼자 남겨두지 마세요.

질식 119

왼쪽과 아래: 질식은 반려묘의 목 주위나 입, 목 안에 물건이 걸려서 발생할 수 있다. 반려묘가 구역질, 기침, 침을 흘리거나 얼굴에 헛발질하면 질식일 수 있다.

꿀

눈을 반쯤 감는다

구역질

침을 흘리기나
거품을 뭄

기침

얼굴에 헛발질

목구멍 안의 이물질 제거하기

목구멍 안에 걸려 질식을 일으키는 게 무엇인지 확인하려면, 다음의 순서에 따릅니다:

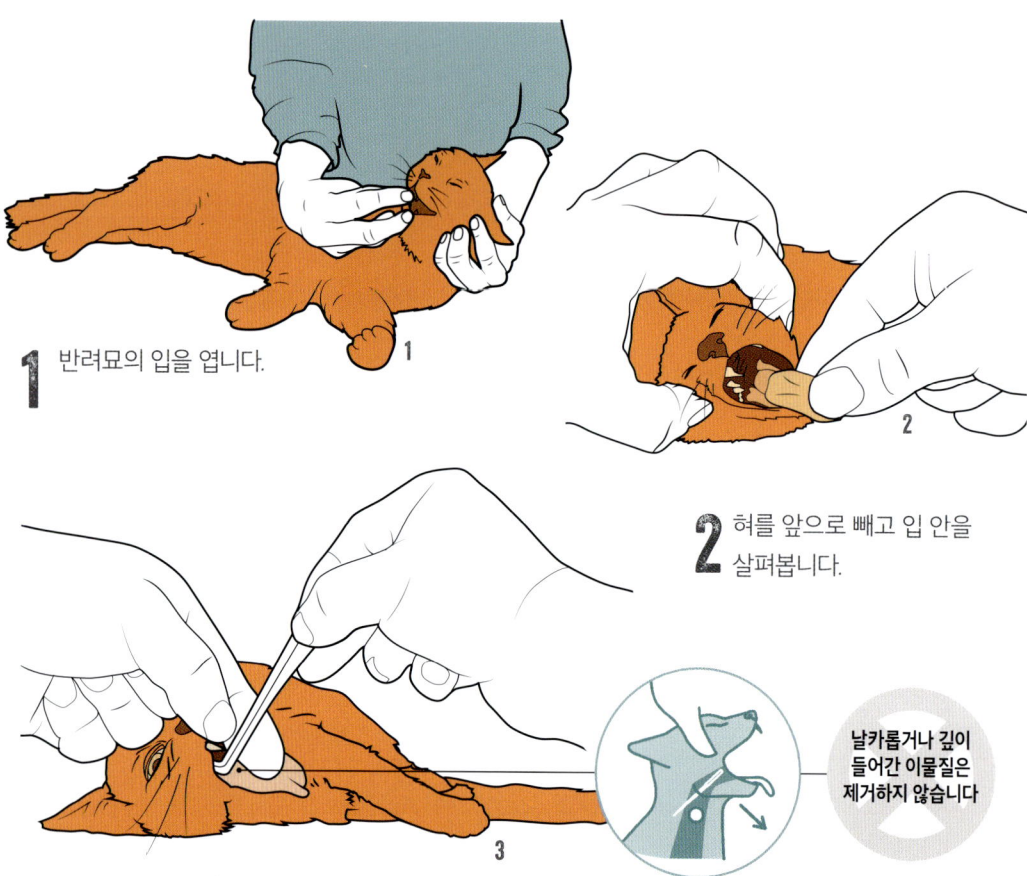

1 반려묘의 입을 엽니다.

2 혀를 앞으로 빼고 입 안을 살펴봅니다.

3 질식을 일으킨 이물질이 너무 깊이 들어가 있지 않으면 큰 족집게를 사용해서 빼냅니다.

날카롭거나 깊이 들어간 이물질은 제거하지 않습니다

4 목구멍 안 쪽에 위치한 이물질을 볼 수는 있지만 손에 닿지 않거나, 기도를 막고 있는 이물질을 볼 수 없으면 반려묘의 입안에 손가락을 넣지 않도록 합니다. 의도치 않게 기도를 막고 있는 이물질을 더 깊이 밀어 넣을 수도 있기 때문입니다.

NOTE:
반려묘의 기도에서 이물질을 제거할 수 없으면 즉시 동물병원으로 데리고 갑니다.

숨이 막힌 반려묘 응급처치

반려묘가 의식이 없고 숨을 안 쉬면
하임리히법 Heimlich maneuver 을 시행합니다:

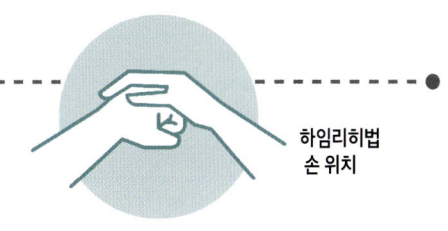

하임리히법
손 위치

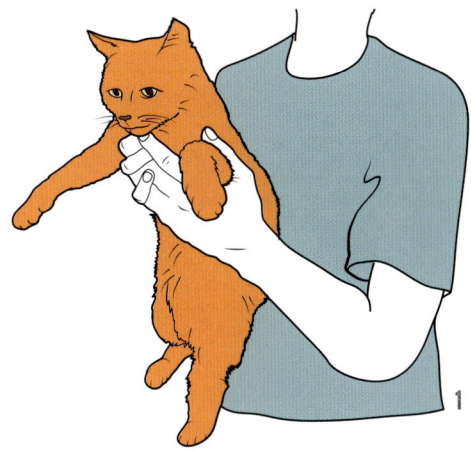

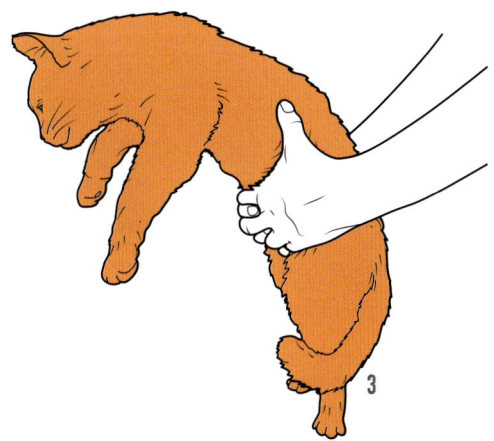

1 반려묘의 머리를 똑바로 하고 보호자의
배와 반려묘의 등이 맞닿도록 반려묘를
듭니다.

2 반려묘의 갈비뼈 아래 사람 손바닥만 한
크기의 부드럽고 움푹 들어간 곳을
찾습니다.

3 손을 이 부위로 밀어 올립니다. 보호자의 배
방향으로 두 번에서 세 번 세게 밀어
올립니다.

4 이물질이 나왔는지 입을 다시 확인입니다.

NOTE:

이 방법이 효과가 없으면 반려묘의 심장 박동을 확인합니다.
맥박이 없으면 CPR을 시작하세요. 반려묘를 옆으로 누이고
가슴 부위를 조심해서 1분에 약 120회 강하고 빠르게
압박합니다.

질식의 원인이 된 물질을 제거했더라도 검진을 위해 동물
병원에 데려가는 것이 좋습니다. 기도에 손상을 입었을
가능성이 있습니다.

➕ **심폐소생술: CPR 125 페이지**

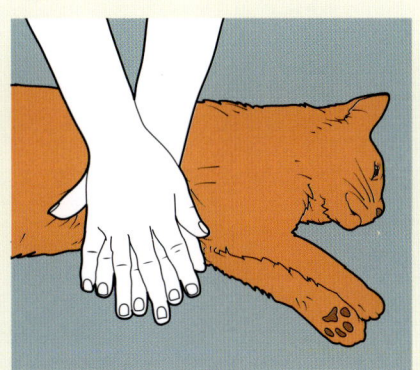

맥박이 안 잡히면 CPR을 실시한다.

심폐소생술

반려묘가 의식이 없고 숨을 안 쉰다면 심폐소생술을 실시할 필요가 있습니다.

심폐소생술은 정지된 심장과 호흡을 되돌아오게 하는 응급처치법입니다. 응급상황에서 반려묘를 동물병원에 데려갈 때까지 심폐소생술로 반려묘의 생명을 유지할 수 있습니다. 가능하면 심폐소생술은 동물병원으로 가는 도중에 전화로 수의사의 지시를 받으며 실시하는 것이 좋습니다.

NOTE:
반려묘가 의식이 없고 숨을 안 쉰다면 즉시 동물병원에 전화해 지시를 따릅니다.

아래: 응급상황 시 반려묘를 동물병원에 이송할 경우에 대비해 항상 캐리어를 집에 보관한다.

심폐소생술 **123**

위: 반려묘가 의식이 없다면 옆으로 눕히고 혀를 바깥으로 빼내어 혀가 기도를 막지 않게 한다 (124 페이지).

반려묘의 심장은 숨을 멈춘 후에도 몇 분간 계속 뛸 수 있습니다. 심폐소생술은 숨이 멈춘 것을 확인하자 마자 바로 실시해야 합니다 (124 페이지). 심장도 멈춘 경우에는 심장 압박도 시행해야 합니다 (125 페이지).

반려묘 사망 징후

반려묘가 자는 건지 숨을 거둔 건지 구별할 수 있는 몇 가지 방법이 있습니다.

- 사료가 준비됐다고 알릴 때처럼 반려묘의 이름을 불러 봅니다.

- 숨을 쉬는지 확인합니다 (124 페이지 심폐소생술의 1번 참조).

- 눈이 열려 있고 동공이 확대됐는지 확인합니다. 숨을 거뒀으면 눈이 열려 있고 동공은 빛에 반응하지 않으며 시선이 고정된 채 동공은 확대돼 있습니다.

- 맥박이 있는지 확인합니다 (121 페이지 참조).

- 사후 경직을 확인합니다. 몸이 매우 뻣뻣하면 숨을 거뒀을 확률이 높습니다.

NOTE:
반려묘가 숨을 거둔 것 같으면 동물병원에 전화합니다. 병원에서 사망을 확인하고 이후 절차에 대해 알려줄 것입니다.

심폐소생술: 숨이 멈췄을 때

반려묘의 숨이 멈췄다고 생각되면 다음 순서를 따릅니다:

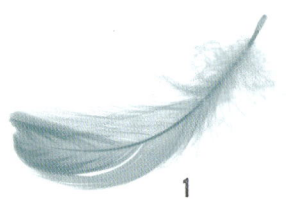

1 깃털이나 약간의 털 같은 가벼운 물건을 반려묘의 콧구멍 앞에 대고 움직이는지 확인합니다.

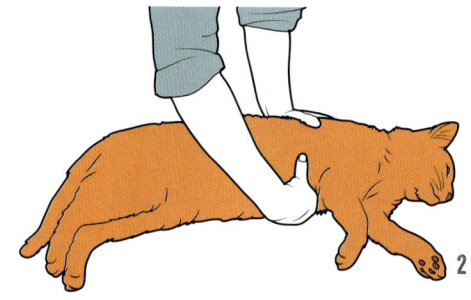

2 전혀 숨을 안 쉬면 옆으로 눕힙니다.

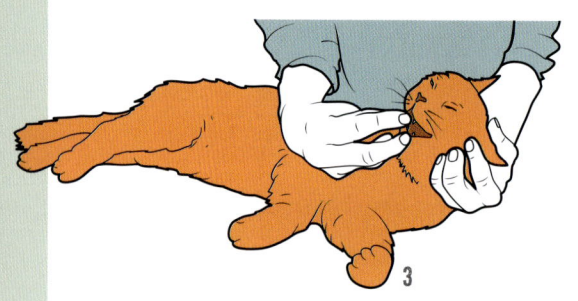

3 입을 벌립니다.

4 혀를 앞으로 빼고 입 안에 이물질이 있는지 봅니다 (물건이나 피 등).

5 입을 잡고 1분에 10회의 속도로 코에 숨을 불어넣습니다.

✚ 질식 120 페이지

심폐소생술: CPR

반려묘가 심폐소생술 후에도 숨을 안 쉬면 다음 순서에 따릅니다:

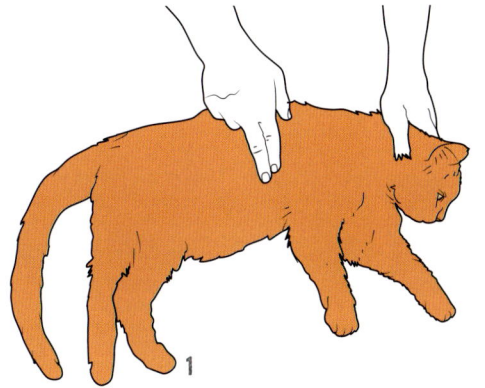

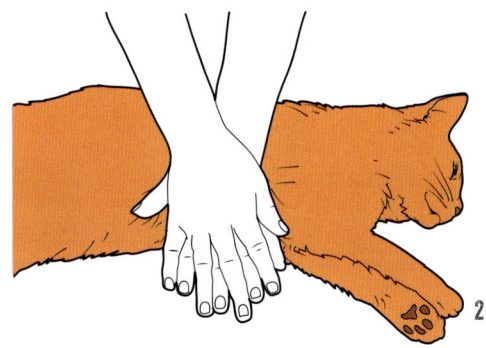

1 심장 박동을 확인합니다.

2 심장 박동이 없으면 앞발 바로 뒤의 가슴 부위를 누릅니다. 1초에 두 번씩 압박합니다.

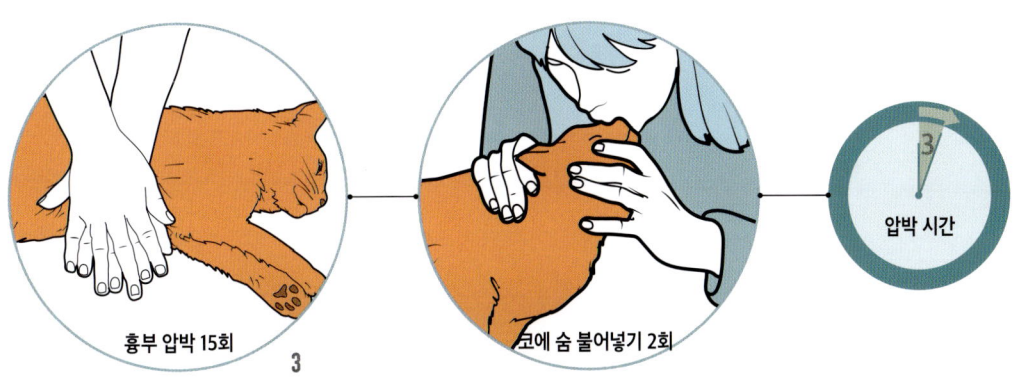

흉부 압박 15회   코에 숨 불어넣기 2회   압박 시간

3 흉부 압박 15회마다 코에 숨을 2회씩 불어넣습니다. 3분 동안 계속합니다.

NOTE:
심폐소생술 후 바로 동물병원으로 데려갑니다.

골절

반려묘의 뼈가 부러진 것 같으면 상처에 직접 부목을 대거나 붕대를 감으려 하지 마세요. 반려묘가 고통스러워 하고 상처가 악화될 수 있습니다.

흔한 골절 부위는 다리, 턱, 갈비뼈, 꼬리, 골반입니다. 골절인 경우에는 다친 부위를 잘 못 움직이거나, 부위 위에 하중을 견디기 어려워하고, 통증을 느끼며, 붓고, 뒤틀리며, 간혹 출혈을 보이기도 합니다. 갈비뼈 골절의 경우에는 숨쉬기도 힘들어 합니다. 턱 골절 시에는 침을 흘리며 치아가 부러지기도 합니다.

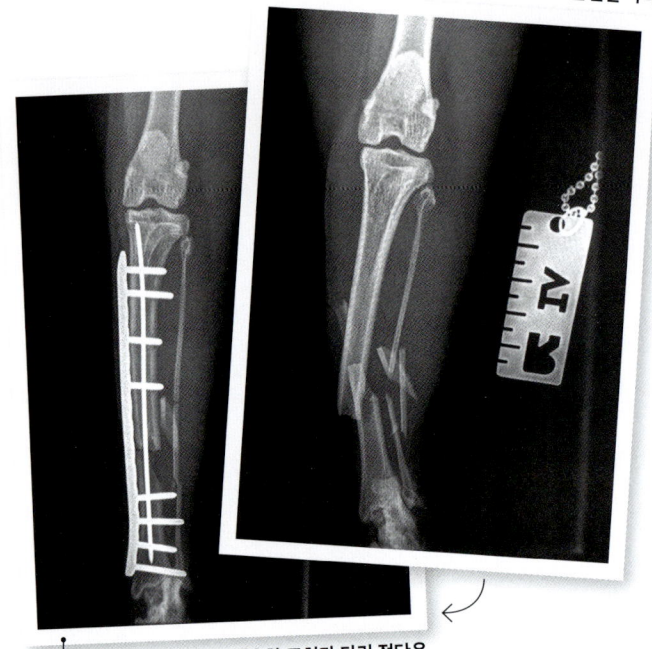

골절된 다리

오른쪽과 아래: 골절이라고 생각되면, 골절 부위를 잘 받치고 바로 동물병원으로 데려간다.

신속한 조치가 다리 절단을 막을 수 있다

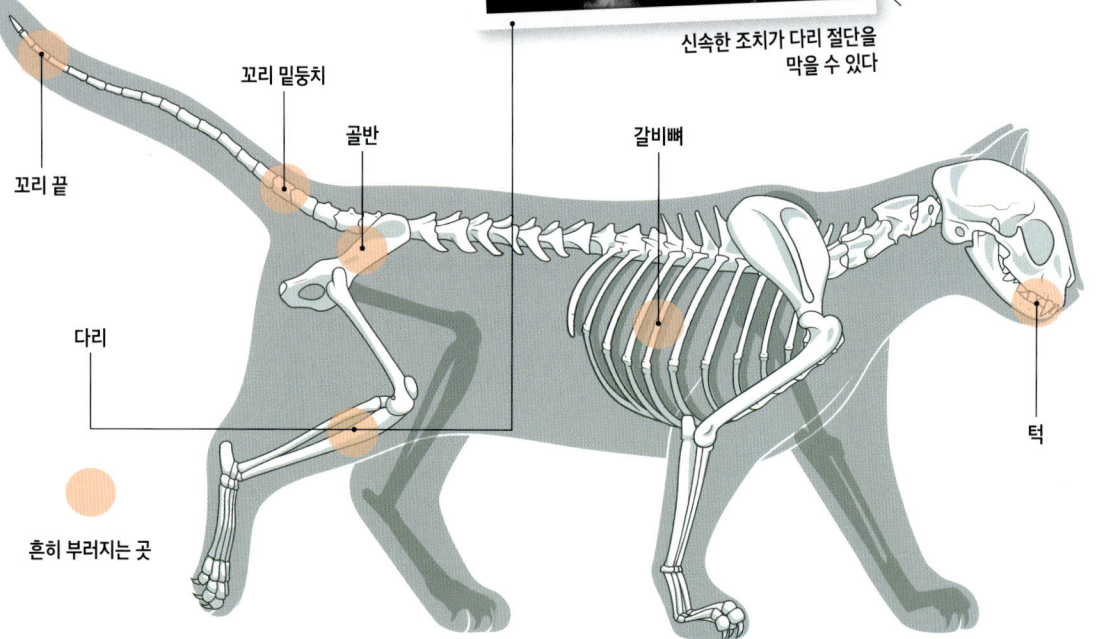

꼬리 끝
꼬리 밑둥치
골반
갈비뼈
다리
턱
흔히 부러지는 곳

개방골절이나 상처의 처치

외상이 있거나 피부가 잘린 개방골절이면 깨끗한 수건이나 거즈, 옷으로 최대한 지혈을 하고 가능하면 상처 위에 거즈 드레싱을 덧댑니다. 상처를 세척하려고 하지 마세요.

위: 골절로 피부가 잘렸으면 지혈을 하며 상처 부위를 받친 후 바로 동물병원으로 데려간다.

NOTE:

반려묘를 가능한 한 빨리 동물병원으로 데려갑니다. 이송 중, 상처 부위를 받쳐주며 상단이 열린 캐리어나 상자에 수건을 깔고 반려묘를 넣습니다.

꼬리 골절

고양이 꼬리는 사고로 골절되거나 끊어지거나 또는 탈구 될 수 있습니다.

- 상처가 꼬리 끝 부위에 가까우면 치료 없이도 나을 수 있습니다.
- 뼈가 으스러졌으면 수의사가 꼬리 끝을 절단할 수 있습니다.
- 꼬리 밑둥치 부위에 상처가 났다면 동물병원에 즉시 데려가야 합니다.

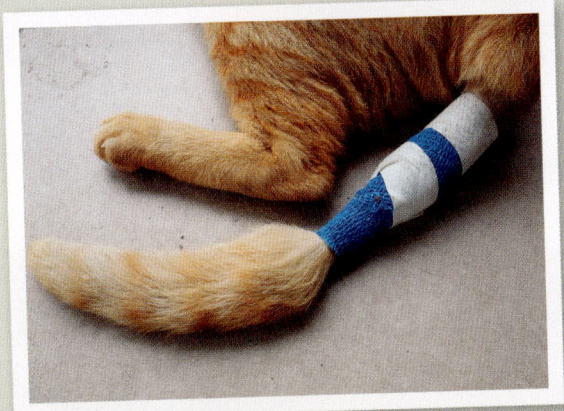

오른쪽: 골절은 꼬리의 모든 부위에서 발생할 수 있다. 골절 부위와 상관 없이 동물병원에 데려가 검진을 받도록 한다.

➕ 외상 138 페이지
➕ 꼬리 상처 141 페이지
➕ 출혈 137 페이지
➕ 쇼크 응급처치 117 페이지

열사병

열사병에 걸린 고양이는 허약감과 침 흘림, 숨 헐떡임, 의식 혼란, 고통, 쓰러짐 같은 징후를 보입니다.

반려묘가 열사병에 걸린 것 같으면 서늘한 곳으로 데려가 몸을 만져서 체온을 확인합니다. 체온계로 체온을 재는 것은 전문가에게 맡기도록 권장합니다.

반려묘 체온 낮추기

다음과 같이 반려묘의 체온을 낮출 수 있습니다:

1 시원한 물을 털 위에 붓습니다. 절대 찬물이나 얼음을 사용하면 안됩니다.

2 선풍기가 있으면, 선풍기 근처에 반려묘를 둡니다.

3 너무 체온이 내려가지 않도록 계속 체온을 확인합니다.

NOTE:
열사병 관련 징후가 개선되지 않으면, 동물병원에 즉시 데려갑니다.

체온 낮추기

아래: 반려묘가 열사병인 것 같으면 서서히 체온을 낮춰 줘야 한다.

- 서늘한 바닥에 누워있음
- 초조해함
- 숨을 헐떡이며 침을 흘림
- 땀 흘리는 발

농양

반려묘가 다른 개나 고양이로부터 물리거나 할퀸 상처가 있으면 농양(고름이 찬 덩어리)이 생길 수 있습니다.

위: 집에서 농양 치료를 할 수 있는 데, 농양이 다 나을 때까지 하루에 여러 번 고온의 습식 찜질을 해 준다.

20 찜질 시간

농양의 징후

반려묘의 상처가 감염된 것 같으면 동물병원으로 데려갑니다. 감염된 상처의 징후는 다음과 같습니다:

- 부기
- 발열
- 고름 같은 분비물
- 농양

농양을 보호자가 직접 절개해서는 안됩니다.

⊕ 경미한 상처 소독과 드레싱 76 페이지

찜질하기

찜질을 위해 다음의 순서를 따릅니다:

1 끝이 뭉툭한 가위로 조심스럽게 농양 주위의 털을 자릅니다. 고름을 빼기 위해 뜨겁고 습한 찜질을 합니다. 고름에 손이 닿지 않도록 장갑을 낍니다.

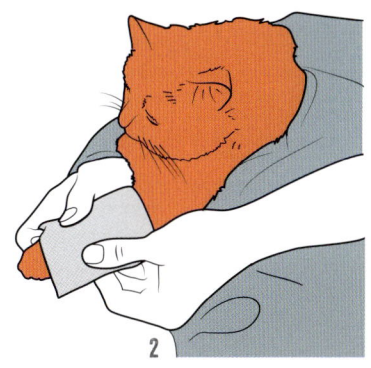

2 약 20분간 찜질을 합니다. 이 과정은 농양이 완전히 없어질 때까지 하루에 두 세 번 계속해야 합니다.

3 찜질이 끝나면 상처 부위를 소독합니다 (76 페이지).

NOTE:
3일 내에 농양이 악화되거나 상태가 나아지지 않으면 동물병원으로 데려갑니다.

화상

화상과 데인 상처를 검진하기 전에 화재를 진압하고 전기 제품의 플러그를 뽑아 주위가 안전한지 확인합니다.

반려묘가 화상을 입으면 통증이 있을 테니 천천히 조심해서 접근해야 합니다. 화상의 징후로는 그슬리거나 소실된 털, 붉고 검거나 흰 색의 농양, 물집이 있습니다.

화상의 분류
다음 설명을 참조하여 반려묘의 화상이나 데인 상처의 유형을 식별하도록 합니다. 증상이 확연해지기까지는 2~3일 정도 소요될 수 있는 점을 유의하세요.

중증도 수준
1도 화상: 전체 피부층이 모두 온전하나 털은 소실됐을 수 있습니다. 피부가 붉어지며 반려묘에게는 약간의 통증이 있을 수 있습니다.

2도 화상: 피부가 빨갛게 될 뿐만 아니라 물집이 생기는데 한 층 이상의 피부가 손상되었음을 의미합니다.

3도 화상: 피부 아래 조직에 손상이 발생합니다. 화상을 입은 피부 주변이 검게 보일 수 있습니다.

> **NOTE:**
> 반려묘가 2도나 3도의 화상을 입었을 경우 쇼크에 빠질 수 있으며 감염의 위험도 있습니다.

위: 그슬린 콧수염과 털은 명백한 화상의 증거다. 화상의 원인을 확인한 후 동물병원으로 데리고 간다.

화상의 종류
화학적 화상: 증상이 나타나는 데 여러 시간이 걸리며 피부에 하얗게 나타납니다.

열화상이나 전기 화상: 보통 바로 나타나며 피부가 검게 변합니다. 심하지 않은 화상은 며칠이 지난 후 확실히 알아챌 수 있습니다.

⊕ 쇼크 응급처치 117 페이지

화상 응급처치

화학적 화상과 열화상, 전기 화상 치료법.

반려묘가 화학물질을 밟았으면 일부를 흡입했을 경우를 대비해 입을 검사한다

화학적 화상
반려묘가 화학적 화상을 입었으면 다음의 순서에 따릅니다:

- 보호자는 장갑과 그 외 보호복을 착용하여 화학물질로부터 자신을 보호합니다.
- 화상 부위를 시원한 물로 20분 동안 씻어 냅니다 (화학물질이 유성이면 주방용 세제를 섞은 후 물만 사용하여 헹굼). 부위를 시원한 물에 담그거나 젖은 천을 부위에 댄 다음 시원한 물을 부어서 씻어 낼 수 있습니다.
- 입이나 눈에 화상을 입었을 때도 20분간 시원한 물로 씻어 내야 합니다.

1도 화상:
- 20분 후, 깨끗한 천으로 부위를 부드럽게 두드려 부위가 마르게 합니다.
- 상처 부위를 문지르거나 연고나 버터를 바르지 않습니다.
- 동물병원으로 데려갑니다.

2도, 3도 화상:
- 부위의 젖은 천은 그대로 둡니다.
- 동물병원으로 데려갑니다.
- 원인이 된 화학용품 용기가 있으면 가져가세요.

열 화상이나 전기 화상
열이나 전기 화상을 입었으면 다음의 순서에 따릅니다:

20분 동안 화상 부위를 찬물로 씻어 냅니다. 부위를 시원한 물에 담그거나 젖은 천을 부위에 댄 다음 시원한 물을 부어서 씻어 낼 수 있습니다.

1도 화상:
- 20분 후, 깨끗한 천으로 부위를 부드럽게 두드려 부위가 마르게 합니다.
- 상처 부위를 문지르거나 연고나 버터를 바르지 않습니다.
- 동물병원으로 데려갑니다.

2도, 3도 화상:
- 부위의 젖은 천은 그대로 둡니다.
- 동물병원으로 데려갑니다.

NOTE:
화상 부위를 20분간 시원한 물로 씻어 내는 것이 매우 중요합니다. 시원한 물이 피부 온도를 낮추고 화상 부위가 악화되는 것을 방지해 줍니다. 또한, 상처를 깨끗이 하고 감염을 예방하여 최선의 치료 결과를 얻는 데 도움을 줍니다.

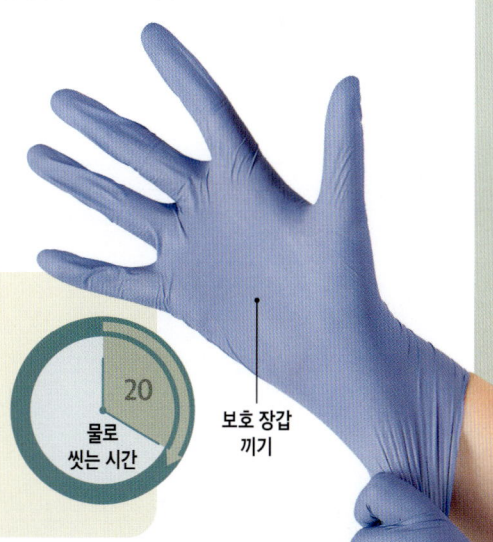

20 물로 씻는 시간

보호 장갑 끼기

물리고 쏘였을 때

반려묘가 벌레에 쏘인 것 같으면 부위가 붉고 부어오르거나 가려워하는지 살펴봅니다. 일부 사례의 경우 반려묘가 기절한 것처럼 보이기도 합니다.

고양이는 호기심 많은 동물로 외출을 허용하는 반려묘라면 벌레에 쏘이거나 물리는 것을 방지하기 어렵습니다. 최선의 치료를 위해 어떤 동물이 쏘거나 물었는지 알아야 합니다.

뱀에게 물렸을 때

- 반려묘를 문 뱀을 봤을 경우, 보호자가 안전한 상황이라면 뱀의 종류를 파악하도록 합니다.
- 상처 부위를 만지지 마세요.
- 상처에 얼음을 대거나 독을 빼려 하지 말고 즉시 동물병원으로 데려갑니다.

아래: 반려묘가 벌에 쏘이거나 물렸을 때는 알레르기 반응을 보일 경우를 대비해 주의해서 지켜보도록 한다 (다음 페이지 참조).

벌레에 쏘였을 때

반려묘가 쇼크에 빠진 것 같으면 117 페이지의 순서를 참조하세요. 쇼크가 아니라면, 다음 순서에 따릅니다:

1 침에 쏘인 부위가 어딘지 봅니다. 입이나 목 부위면 매우 빨리 부어 올라서 숨쉬기가 어려워질 수 있습니다. 이런 경우라면 즉시 동물병원에 연락합니다.

2 침이 보이면, 우선 침과 독주머니를 구분해야 합니다. 돋보기가 필요할 수 있습니다. 족집게를 이용해 침을 잡은 후 독주머니를 건드리지 말고 빼냅니다. 독주머니를 꽉 잡으면 독이 부위에 더 퍼질 수 있습니다.

3 침을 제거한 후 냉찜질로 붓기를 뺍니다.

4 벌에 쏘인 것 같으면 베이킹 소다와 물로 반죽을 만들어 쏘인 부위에 바릅니다. 독을 중화시키는데 도움이 됩니다. 말벌에 쏘인 것 같으면 희석한 식초나 레몬주스를 이용하세요.

5 반려묘가 알레르기 반응을 보이지 않는지 주의해서 지켜봅니다. 알레르기 반응에는 목 부종, 호흡 곤란, 구토, 의식을 잃고 쓰러짐 등이 있습니다. 이런 징후가 있다면 응급 상황으로 간주하고 바로 동물병원에 연락해야 합니다.

맨 위와 위: 벌침은 집에서 응급처치를 할 수 있으나 어느 부위를 쏘였는지 메모해 둔다. 어떤 부위는 다른 부위보다 더 위험할 수 있다.

> **NOTE:**
> 반려묘에게 사람용 약품을 투여해서는 안 됩니다. 약물 투여가 필요하다고 생각되면 동물병원으로 데려가세요.

 쇼크 응급처치 117 페이지

싸움으로 인한 상처

다른 고양이에게 물리거나 할큄을 당한 후 상처가 감염된 것 같으면 항생제 투약이 필요할 수 있으니 동물병원에 데려 갑니다.

싸움 예방

물림이나 할큄을 예방하는 최고의 방법은 반려묘를 실내에 머물게 하는 것입니다. 다른 고양이에게 물린 상처로 농양이 자주 발생하곤 합니다. 흔한 경우는 아니지만 날카로운 물체에 찔려서 농양이 생기기도 합니다 (129 페이지 참조). 날카로운 물건을 책상 위에 놔두지 않도록 하고 여러 반려동물을 키울 경우에 반려동물들 간의 관계를 눈 여겨 관찰하도록 합니다.

NOTE:
고양이에게 물려 피부가 찢어지면 즉시 상처를 소독하고 동물병원에서 치료를 받도록 합니다.

아래: 반려묘가 외출묘라면 다른 고양이와 싸워 상처를 입고 돌아올 수 있다.

고양이의 침은 박테리아의 온상이다. 다른 고양이가 반려묘를 물었다면 상처를 소독한 후 항생제 치료를 위해 동물병원으로 가야 한다

반려묘가 뒤돌아서 도망가면 등, 뒷다리, 꼬리에 상처를 입었을 가능성이 있다

반려묘가 서 있으면 얼굴, 귀, 목에 상처를 입었을 가능성이 있다

싸움으로 인한 상처

- 싸움 놀이는 보통 16주 후면 감소한다
- 고양이는 사냥꾼과 사냥감 역할을 번갈아 하며 논다
- 놀이가 공격적이 되면 손뼉을 치거나 고양이들 사이에 장애물을 두어 멈추게 한다
- 서로 어울려 노는 것은 긍정적인 효과가 있다. 다른 반려묘에 대한 공격성이 줄어들고 덜 싸우게 된다

반려묘의 사회성을 기르고 다른 고양이에 대한 공격성을 예방하기 위해 어렸을 때부터 다른 고양이와의 어울림이 즐겁도록 만들어 줍니다. 고양이는 영역 동물입니다. 다른 반려묘를 키울 계획이 있다면, 반려묘가 어렸을 때 다른 고양이와의 교류로 사회성을 키워주도록 합니다. 사회화 훈련으로 새 반려묘를 소개하는 과정이 훨씬 원활하고 안전할 것입니다. 반려묘가 유난히 공격적이라면 중성화를 시키도록 합니다. 중성화로 공격성, 특히 수컷 고양이들 간의 공격적 행동의 수준이 줄어들게 됩니다.

위: 새끼 고양이는 자연스럽게 서로 어울려 논다. 나이가 들면서 공격적인 싸움으로 발전할 수 있으며 결국 한 마리가 지배적인 위치로 우위에 서게 된다. 이런 상황이 되면 이전에 어울릴 때처럼 서로 교대로 쫓고 쫓기는 역할을 하지 않는다.

여러 마리 반려묘를 키울 때는 각 고양이의 사료 그릇, 물그릇, 잠자리, 화장실을 분리하고 가능하면 집의 다른 곳에 두도록 하세요. 집 곳곳에 쉴 장소를 마련해 주면 고양이들에게 안락하고 필요한 공간을 제공해 줄 수 있습니다.

- ➕ 쇼크 응급처치 117 페이지
- ➕ 농양 129 페이지
- ➕ 경미한 상처 소독과 드레싱 76 페이지

싸운 상처 치료하기

반려묘가 싸운 후 피를 흘리면 다음 페이지의 응급처치법을 참조하세요. 가벼운 상처면 소독 후 (76 페이지) 드레싱을 합니다 (77 페이지). 깊은 상처라면 동물병원으로 데려갑니다.

다른 상처는 없는지도 살펴봅니다. 다른 고양이에게 물린 것 같은 상처가 있으면 주변에 그 외 물린 상처가 있을 수 있습니다. 물린 상처는 겉에서 보이는 것보다 훨씬 심할 수 있으므로 물린 상처가 있을 때는 항상 동물병원에 데려가는 것이 좋습니다.

감염된 상처의 징후

감염된 상처의 경우:
- 부종
- 발열
- 고름 같은 분비물
- 농양

NOTE:
반려묘에게 사람용 약품이나 크림을 사용하지 마세요. 상처가 감염된 것 같으면 동물병원으로 데려가야 합니다.

아래: 싸움에서 물린 상처는 감염 위험이 크므로 항상 동물병원에서 치료받아야 한다. 반려묘에게 항생제가 필요할 수 있기 때문이다.

➕ 쇼크 응급처치 117 페이지
➕ 경미한 상처 소독과 드레싱 76 페이지

지혈법

지혈을 위해 다음 단계에 따릅니다:

1 깨끗한 수건이나 거즈로 부위를 압박합니다.

2 압박을 10분간 지속합니다.

3 수건이나 거즈에 피가 완전히 스며들면 그 위에 덧댑니다. 혈액 응고가 잘 안 될 수 있으므로 맨 아래의 수건이나 거즈를 없애지 마세요.

4 상처가 다리나 꼬리에 있으면 붕대를 감아서 거즈를 고정합니다.

5 반려묘를 옆으로 눕힙니다.

6 상처가 심하면 상처 부위를 올려서 혈액 순환을 제한합니다.

> **NOTE:**
> 10분 뒤에도 지혈이 안 되면 동물병원으로 데려갑니다.

기준 지혈 시간

붕대로 감싸기

- 반려묘가 쇼크에 빠지면 이에 맞춰 처치합니다 (117 페이지).

- 출혈 부위가 다리 중간처럼 치료하기 쉬운 위치면, 패딩을 대고 붕대로 감아 고정시킵니다. (76 페이지) 얼굴에서 피가 흐르는 경우처럼 붕대로 고정시키는 것이 불가능할 경우에는 패딩을 출혈 부위에 대고 꾹 누릅니다.

- 부종, 악취, 분비물, 발적 현상 등이 보이면 동물병원으로 데려갑니다.

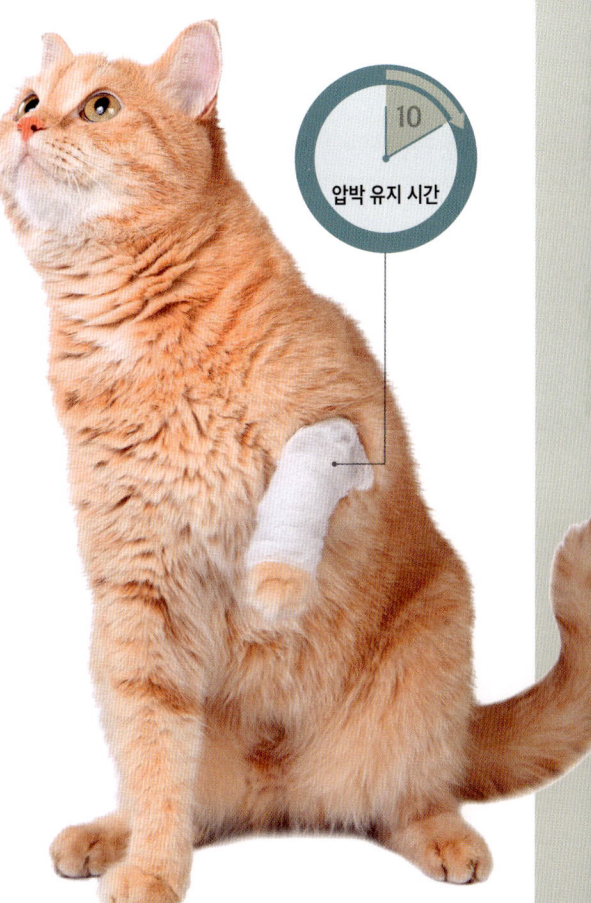

압박 유지 시간

오른쪽: 맨 아래의 거즈에 피가 다 스며들면 위에 다른 거즈를 덧대어 혈액 응고가 잘 되게 한다.

교통사고 혹은 기타 외상

반려묘가 교통사고나 낙상 같은 외상을 당하면 즉시 동물병원으로 데려가야 합니다.

반려묘가 다친 데가 없는 것처럼 보여도 바로 확인되지 않는 상처를 입었을 수 있습니다.

사고 후 검사하기

- 반려묘가 도로 교통사고 현장에 있으면 도로에 들어가기 전에 안전한지 확인해야 합니다. 보호자가 다치면 자신이 치료를 받아야 하는 상황이 되므로 침착함을 유지하고 조심스럽게 현장에 접근하는 것이 보호자와 반려묘 모두에게 좋습니다.

- 반려묘를 안전한 곳으로 이동시킬 필요가 있으면 가능한 움직임을 최소화하면서 매우 조심스럽게 이동하세요. 반려묘 머리와 척추가 움직이지 않도록 조심하면서 큰 하드커버 책, 나무 조각, 두꺼운 판자 같이 단단하고 평평한 표면의 들것에 밀어서 옮깁니다.

- 외상의 원인이 무엇이든 동물병원에 전화해야 합니다. 상황을 설명하고 병원으로 이송 중임을 알립니다. 의료팀은 반려묘를 돕기 위한 최선의 조치를 안내할 것입니다.

- 사망여부 혹은 의식이 없는지 여부를 판별하기 위해 반려묘의 왼쪽 팔꿈치 아래의 가슴 부위에 손을 대고 심장박동을 확인합니다. 의식이 없는 고양이는 반사적으로 '경련'을 보이며 눈이 감겨 있습니다.

- 심한 출혈이나 다른 상처를 검사하기 전에 먼저 반려묘의 호흡을 확인합니다.

- 외상으로 갈비뼈 골절이 생기면 폐를 관통할 수 있으므로 반려묘를 만질 때 매우 조심해야 합니다.

- 반려묘가 숨을 쉬지 않으면 124 페이지의 심폐소생술을 실시합니다.

위: 상처 입은 고양이에게 접근하기 전에 먼저 현장이 안전한지 확인한다. 안전을 위해 고양이를 옮겨야 하면 딱딱하고 평평한 면으로 조심스럽게 움직여서 옮긴다.

위: 고양이가 항상 발을 이용해서 착지하는 것은 아니다. 발로 착지하는 경우에라도 높은 곳에서 뛰어내리면, 충격으로 다리에 심각한 부상을 입을 수 있다.

- 출혈을 확인하고 거즈나 깨끗한 천으로 심각한 출혈이 있는 상처를 압박합니다. 가능하면 동물병원에 도착할 때까지 압박을 유지합니다.

- 찔린 상처가 확실히 보이거나 뼈가 부러져서 피부를 뚫고 나온 경우 감염을 막기 위해 멸균 거즈 또는 천으로 상처를 덮습니다. 부러진 뼈에 부목을 대지 마세요. 골절에 대한 자세한 내용은 126 페이지를 참조합니다.

- 위에서 설명한 대로 반려묘를 이송하면서 움직임을 극도로 최소화합니다. 가능하면 동승자가 있어서 이동하는 동안 고양이를 안정적으로 잡도록 하는 것이 좋습니다. 혼자라면 널빤지를 깐 캐리어에 반려묘를 넣고, 캐리어가 없으면 플라스틱이나 종이 박스를 이용합니다. 종이 박스를 이용할 때는 바닥에 비닐을 깐 후 비닐 위에는 흡수력 있는 수건을 많이 놓습니다. 고양이가 소변을 봐서 상자 바닥이 젖어서 부서지는 것을 방지해 줍니다.

> **NOTE:**
> 심폐소생술 시도 이후에는 바로 동물병원으로 데려가야 합니다. 반려묘가 쇼크 상태인 것 같으면 117 페이지의 순서에 따릅니다. 교통사고, 추락, 그 외 사고로 인한 외상을 당했을 때는 바로 동물병원으로 데려갑니다. 외견상 괜찮아 보여도 외상이 보이지 않은 손상을 초래할 수 있습니다.

✚ 골절 126 페이지
✚ 심폐소생술 124 페이지
✚ 마비된 반려묘 옮기기 157 페이지
✚ 경미한 상처 소독과 드레싱 76 페이지
✚ 들것 사용법 74 페이지

두부 외상

머리에 외상을 입은 것 같으면 먼저 호흡을 확인합니다.

1 반려묘가 숨을 쉬지 않으면 124 페이지의 심폐소생술을 시행합니다.

2 다음으로 눈, 코, 입에 출혈이 있는지 확인합니다. 눈, 머리, 얼굴 부위의 보이는 상처에 출혈이 있으면 거즈나 깨끗한 천으로 지혈을 위해 압박을 시행합니다 (137 페이지).

3 동공이 고정돼 있지 않고 확대됐는지 혹은 고르지 않게 확대됐는지 확인합니다.

4 외견상 상처가 없어도 두부 외상을 입었다면 동물병원으로 바로 데려가야 합니다. 외상이 뇌에 치명적인 영향을 미칠 수 있습니다.

NOTE:
반려묘가 코나 입에 출혈이 있으면 지혈하려고 하지 말고 동물병원으로 바로 데려가야 합니다.

✚ 심폐소생술 124 페이지
✚ 출혈 137 페이지

아래: 모든 두부 외상은 심각하게 취급해야 한다. 반려묘가 머리에 타격을 입었으면 눈, 코, 입에 출혈이나 상처가 있는지 확인한다.

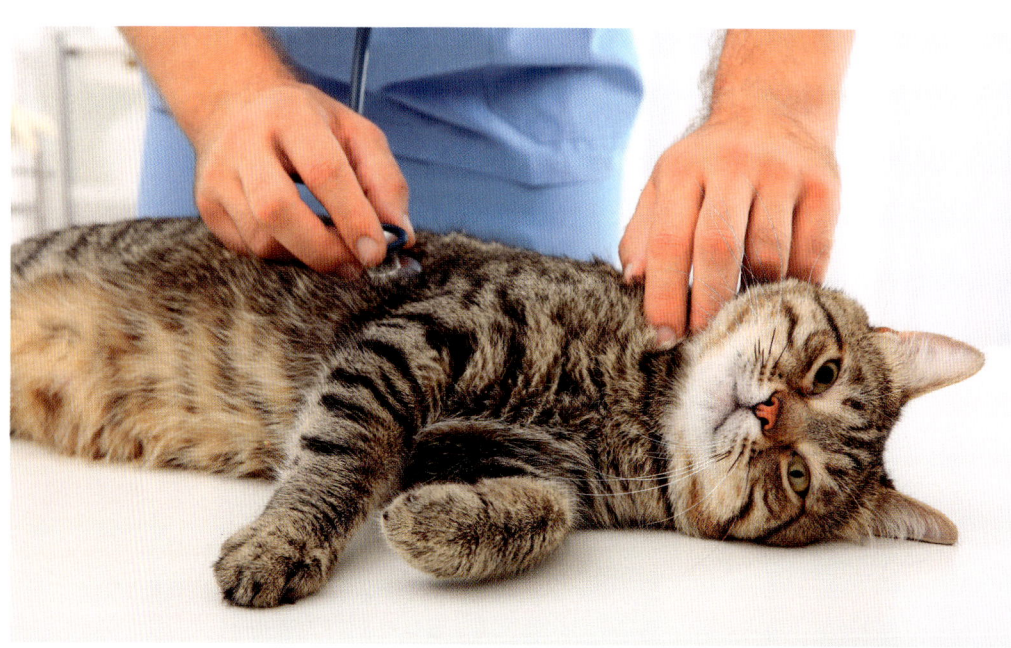

꼬리 상처

꼬리를 움직이지 않거나 꼬리 모양이 평상시와 다르면 꼬리에 상처를 입었을 수 있습니다.

- 꼬리에 심각한 열상찢어진 상처을 입었으면 깨끗한 수건으로 꼬리를 감싼 후 동물병원으로 데려가야 합니다. 이런 경우 감염 우려가 있으므로 전문가에게 상처를 치료받아야 합니다. 수의사는 고통을 경감시킬 수 있는 조치를 취해줄 것입니다.

- 피부가 노출된 부위에 할퀴거나 베인 상처가 있으면 먼저 지혈을 위해 깨끗한 수건이나 거즈로 압박합니다. 10분 동안 압박을 유지합니다. 피가 수건이나 거즈에 다 스며들어 바깥으로 새어 나오면 다른 수건이나 거즈를 덧댑니다. 혈액응고를 방해할 수 있으므로 가장 아래의 수건이나 거즈는 그대로 둡니다.

- 출혈이 멈추면 상처를 소독하고 (76 페이지) 꼬리에 살짝 붕대를 감습니다 (76 페이지). 붕대를 너무 조여서 감으면 안 됩니다. 꼬리에 출혈이 심하거나 붓거나, 10분 뒤에도 출혈이 멈추지 않거나, 피부색이 변하면 동물병원으로 데려가야 합니다.

- 꼬리가 뽑히거나 골절돼서 늘어져 있으면 신경이 손상되었을 수 있습니다. 배변할 때 꼬리를 움직이지 않거나 들지 않으면 동물병원에 데려갑니다.

오른쪽: 일반적인 꼬리 부상은 찰과상(긁힘), 자상, 열상 / 농양 / 골절 및 절단 / 신경 손상의 4가지 범주로 나눌 수 있다.

NOTE:
10분 뒤에도 출혈이 멈추지 않으면 동물병원으로 데려갑니다.

기준 지혈 시간 10

상처가 감염된 징후

상처가 감염된 것 같으면 동물병원으로 데려갑니다.

감염의 징후는 다음과 같습니다:

- 부종
- 고름 같은 분비물
- 발열
- 농양

➕ 출혈 137 페이지
➕ 농양 129 페이지
➕ 골절 126 페이지
➕ 경미한 상처 소독과 드레싱 76 페이지

발의 상처

반려묘가 발을 심하게 핥으면 발에 상처를 입었을 수 있습니다. 발에 상처가 있으면 걸을 때 고통스러울 수 있습니다. 다친 발로 지면을 계속 접촉하면 감염될 가능성이 높습니다.

- 발바닥에서 피가 나면 깨끗한 수건이나 거즈로 상처를 압박합니다. 피가 스며 나오면 다른 수건이나 거즈를 위에 갖다 댑니다. 혈액 응고를 돕기 위해 가장 아래의 수건이나 거즈는 그대로 두세요. 10분 이상 지났는데도 지혈이 안 되면 동물병원으로 데려갑니다.

- 일단 지혈이 되면 상처를 붕대로 감습니다. 발 전체를 감거나 붕대가 제자리에 고정되도록 어린이 양말을 사용합니다.

- 외견상 상처는 없는데 발이 부었으면 하루에 두 번 15분씩 발에 얼음 찜질을 합니다. 발을 물에 담그는 것도 치료에 도움이 됩니다. 2일이 지나도 붓기가 가라앉지 않으면 동물병원으로 갑니다.

NOTE:
10분 뒤에도 출혈이 멈추지 않으면 동물병원으로 데려갑니다.

기준 지혈 시간

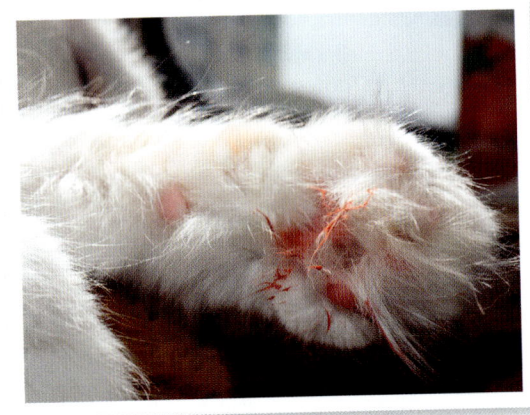

위: 상처를 주의 깊게 살펴서 이물질이 있는지 확인한다. 상처에 박힌 것이 있으면 동물병원에 데려간다.

왼쪽: 발에 얼음팩을 대거나 하루에 2번 15분씩 시원한 물에 담가 붓기를 가라앉힌다.

➕ 경미한 상처 소독과 드레싱 76 페이지

- 발에 농양이 있으면 온찜질을 하거나 따뜻한 생리식염수(80 페이지)에 발을 담급니다. 농양이 터지면 동물병원으로 데려갑니다.

- 발에 상처가 있으면 반려묘를 한 방에 머물게 하고 다른 동물은 가까이 가지 못하게 합니다. 많이 걷지 못하게 하고 발의 상처가 치료될 시간을 갖게 하는 것이 좋습니다. 붕대는 건조하게 유지하고 매일 갈아주면서(86 페이지) 발에 눈에 띄는 변화가 없는지 살펴봅니다. 예를 들어 부종, 불쾌한 악취, 축축한 분비물, 피부색 변화 등이 있는지 확인하세요. 이런 변화가 있으면 동물병원으로 데리고 가야 합니다. 발이 감염되었거나 혈액 공급이 충분하지 않은 상태일 수 있습니다.

- 발에 계속 출혈이 있거나 2일 후에도 상처가 벌어져 있으면 동물병원으로 데려가야 합니다.

오른쪽: 발바닥 상처는 고통스러울 수 있으므로 반려묘를 실내에 머물게 하고 다른 동물로부터 격리시켜 반려묘의 활동을 감소시킨다.

아래: 반려묘가 발의 상처를 핥으려 하면 감염 방지를 위해 넥카라를 씌울 수도 있다.

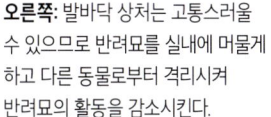 찢어진 발바닥

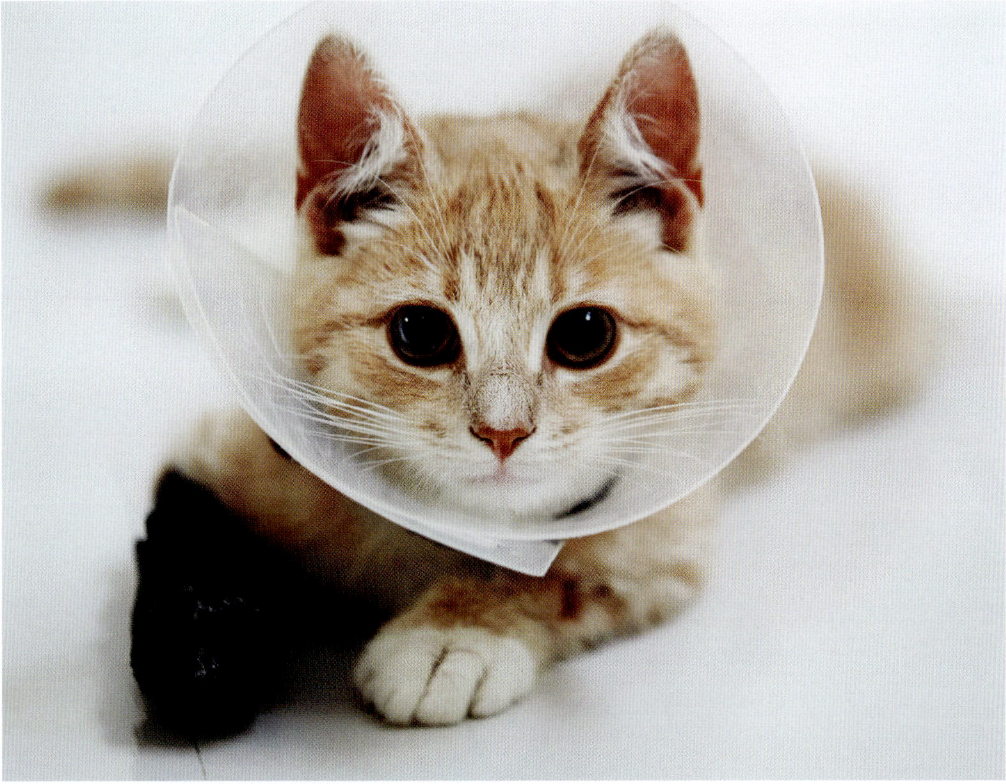

비뇨기 문제

반려묘의 배뇨 습관과 행동이 변한다면 심각한 건강상의 문제가 있음을 의미할 수 있습니다. 배뇨와 관련된 어떤 문제가 보이면 진단과 치료를 바로 시작합니다.

고양이 하부 요로 질환은 고양이에게 흔한 질병으로 치명적일 수 있습니다. 오른쪽 글 상자의 징후를 발견했다면 즉시 동물병원으로 데려 가도록 합니다.

비뇨기 질환 감별하기

- 배뇨에 어려움이 있는가?
- 배뇨 시 통증이 있는 것 같은가?
- 화장실을 자주 들락날락하는가?
- 소변에 출혈이 있는가?
- 소변량이 줄었는가?
- 생식기 부위를 자주 핥는가?

위 항목 중 한 개라도 "그렇다"가 있으면 반려묘에게 비뇨기 질환이 있을 수 있습니다.

왼쪽: 비뇨기 질환이 있다고 의심될 때, 생식기 부위를 핥는 것도 살펴봐야 할 징후 중 하나이다.

비뇨기 문제 **145**

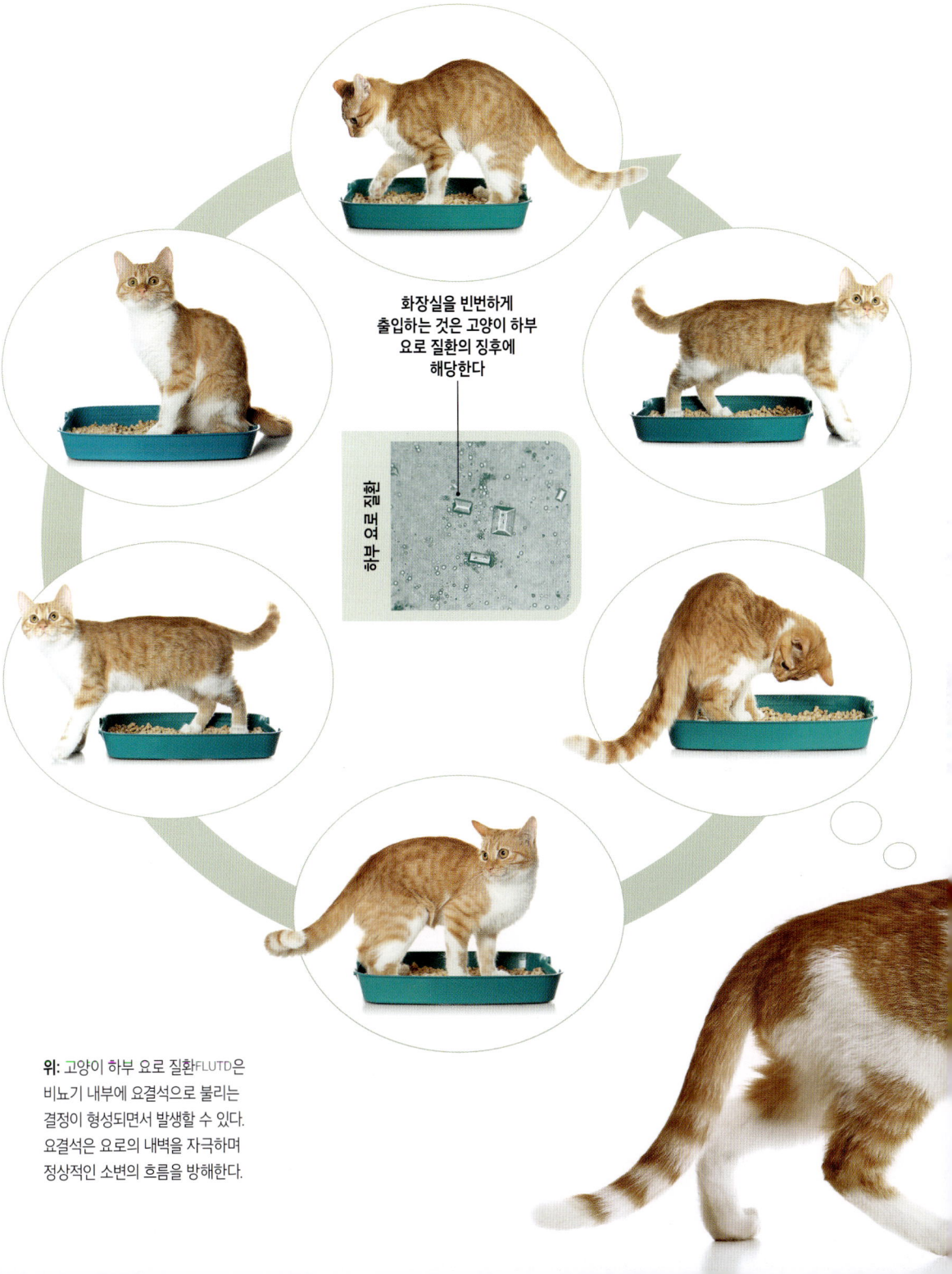

화장실을 빈번하게 출입하는 것은 고양이 하부 요로 질환의 징후에 해당한다

하부 요로 질환

위: 고양이 하부 요로 질환FLUTD은 비뇨기 내부에 요결석으로 불리는 결정이 형성되면서 발생할 수 있다. 요결석은 요로의 내벽을 자극하며 정상적인 소변의 흐름을 방해한다.

익사

보호자가 안전한 상태에서 물에 빠진 반려묘를 구조하고 의식이 있는지 확인합니다. 의식이 없다면 반려묘의 생명을 구하기 위해 바로 조치를 취해야 합니다.

익사는 보통 4단계로 발생합니다. 첫째, 반려묘는 숨이 붙어 있고 헤엄을 치려고 합니다. 둘째, 물속에서 호흡은 하지만 숨이 막힙니다. 셋째, 구토를 하며 넷째, 움직이지 않고 심장박동과 호흡이 느려 지다 멈춘 후 숨을 거둡니다.

오랜 시간 물에 잠겨 있었지만 24시간 이상 생존하였을 경우 거의 반익사 상태일 가능성이 높습니다. 반익사 상태의 징후로는 혈중 이산화탄소량의 증가, 호흡수의 증가, 폐로 들어가는 물 흡입량의 증가가 있습니다. 반익사 상태는 심각한 건강 문제와 죽음을 초래하는 원인이 될 수 있습니다.

아래: 장시간 물속에 빠져 있었으면 가능한 한 빨리 동물병원에 데려가야 한다.

익수 시간, 물의 종류, 온도가 반익사 사건에서 반려묘의 생존가능성에 영향을 미친다

생존을 위한 수영

- 멍함
- 구토
- 투명하고 거품이 많은 붉은 가래를 뱉어냄
- 빠르거나 느린 심장박동
- 호흡 곤란
- 푸르스름한 잇몸과 피부
- 가슴에서 딱딱 소리가 남
- 호흡 정지
- 심부전

물에 빠진 반려묘 소생시키기

반려묘가 의식이 없으면 다음의 순서에 따릅니다:

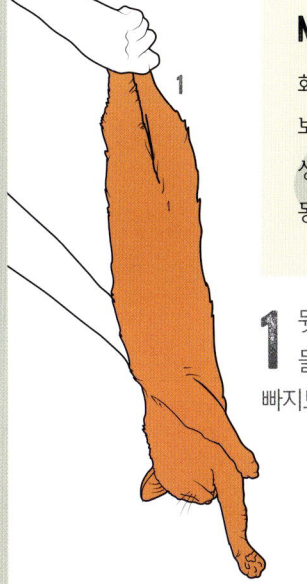

NOTE: 회복된 것처럼 보일지라도 반익사 상태였던 반려묘는 꼭 동물병원에 데려가세요.

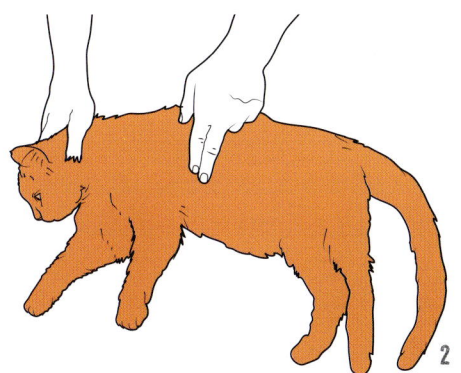

1 뒷다리를 잡고 거꾸로 들어 폐에서 물이 빠지도록 합니다.

2 옆으로 눕힙니다.

3 맥박과 호흡이 있는지 확인합니다.

4 머리가 몸보다 낮게 위치하도록 합니다.

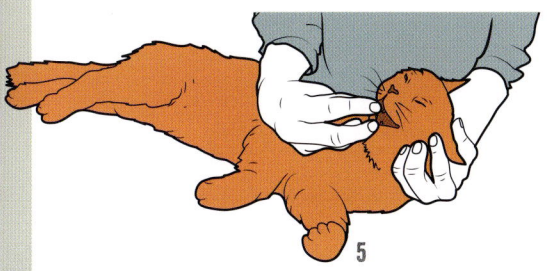

5 입에 잔여물이 있는지 확인합니다.

6 혀를 바깥으로 빼서 기도를 막는 것은 모두 꺼냅니다.

7 계속 숨을 안 쉬면 124 페이지에 있는 심폐소생술을 시행합니다.

8 의식이 있으면 수건으로 감싼 뒤 동물병원으로 데려갑니다.

✚ 심폐소생술 124 페이지

감전

반려묘가 감전되었을 경우 감전의 원인이 된 물체에 연결된 전원 스위치를 끄거나, 나무나 고무 등으로 만들어진 비금속의 마른 물건으로 반려묘를 밀어냅니다.

감전된 반려묘를 돕기 전에 사고가 난 장소가 안전한지 먼저 확인합니다. 감전 사고는 전기선을 씹는 경향이 있는 어린 고양이에게 가장 흔합니다. 감전으로 인한 피해는 전류세기, 전압, 접촉시간에 따라 다릅니다. 며칠이 지날 때까지 감전 사고가 얼마나 심각했는지 분명하지 않을 수 있습니다.

NOTE:
송전선 같은 고전압에 의한 감전일 경우 경찰을 부르도록 합니다.

아래: 반려묘가 전원에서 떨어지도록 주의해야 한다. 느슨하게 나와있는 전선이 있다면 반려묘 보호를 위해 커버를 씌우도록 한다.

감전 처치법

- 반려묘가 전선을 물어뜯었으면 입과 혀에 화상을 입었을 수 있습니다. 매우 심각한 상황이니 즉시 동물병원에 데려가야 합니다. 반려묘가 쇼크상태에 빠질 수 있고 심정지가 올 수 있습니다.

- 호흡이 멈추면 심폐소생술을 시작합니다 (124 페이지 참조).

- 감전되었는지 확실하지 않다면 아래에 언급한 징후를 살펴봅니다.

NOTE:
아래의 징후 중 하나라도 발견하면 동물병원에 데려갑니다.

위와 아래: 반려묘가 감전되었다고 생각되면 화상 징후를 찾는다. 발작, 실신, 침 흘림, 호흡 곤란 등을 겪을 수 있다.

➕ 심폐소생술 124 페이지

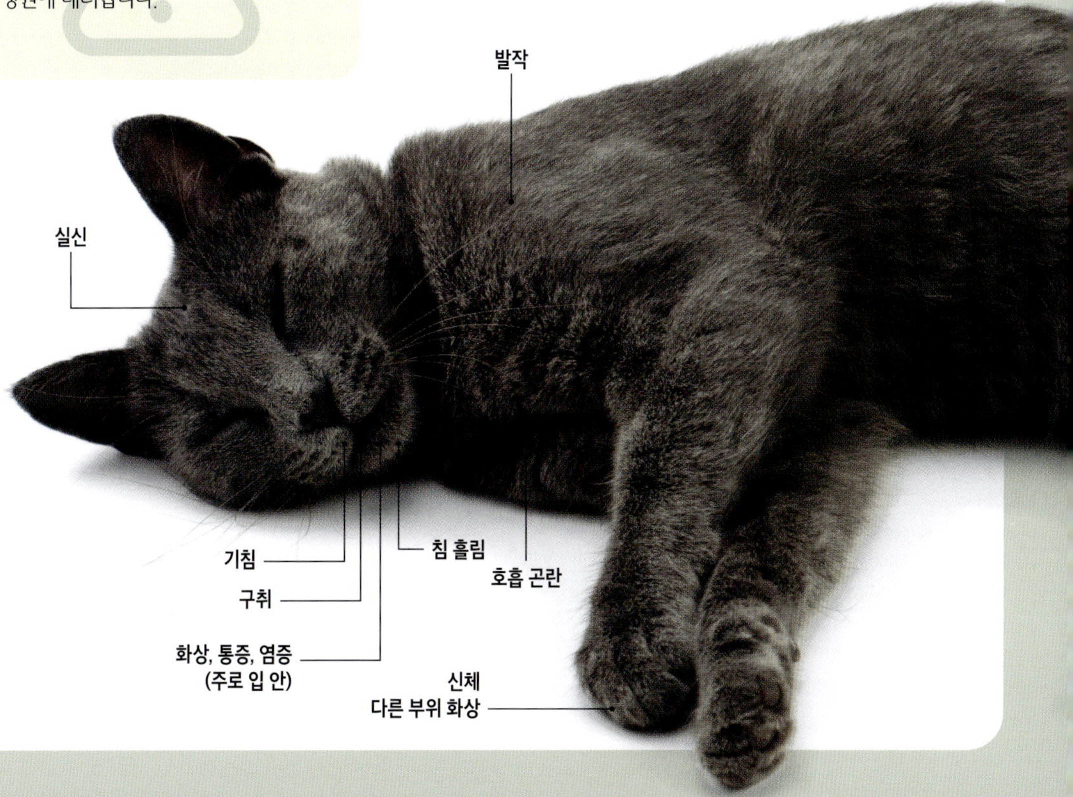

- 발작
- 실신
- 기침
- 구취
- 화상, 통증, 염증 (주로 입 안)
- 침 흘림
- 호흡 곤란
- 신체 다른 부위 화상

발열

반려묘가 열이 있으면 무기력하고 잘 먹지 않는 등 몸 상태가 안 좋아 보일 수 있습니다.

보통 반려묘의 몸을 만져보면 열이 있는지 알 수 있습니다. 귀 체온계를 사용할 수도 있지만, 정확도가 떨어집니다. 열이 매우 높거나 24시간 이상 고열이 지속되면 즉시 병원에 데려갑니다.

반려묘의 체온이 약간 높을 때는 상처, 농양, 종양, 림프절 부종 등이 있는지 부드럽고 조심스럽게 검진합니다.

반려묘에게 상처가 있을 때

골절, 종양, 상처 감염, 농양 감염, 기타 심각한 상처 등이 확인되면 즉시 동물병원에 데려가세요. 또한, 반려묘의 턱 아래, 어깨 주변, 사타구니 주변, 다리 뒤편에서 림프절 부종이 느껴지면 즉시 동물병원에 데려갑니다.

아래: 반려묘의 몸이 안 좋은 것 같으면 촉진 가능한 림프절을 부드럽게 만져본다. 림프절이 부어 있으면 발열 징후일 수 있다.

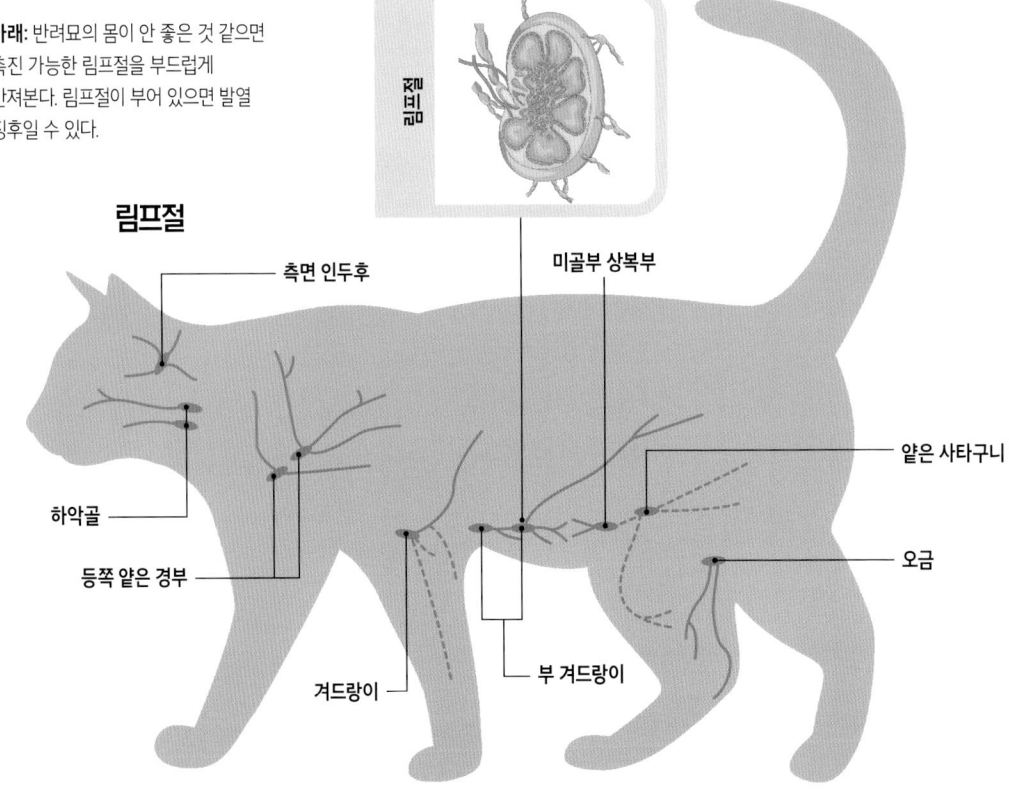

다치지 않은 경우의 해열하기

앞에서 언급한 문제가 없고 경미한 열이 발생한지 24시간 미만이면 가정에서 체온을 낮추기 위한 시도를 해볼 수 있습니다.

1 반려묘를 바닥이 타일로 된 시원하고 어두운 방에 두면, 체온을 낮추는데 도움이 됩니다.

2 깨끗한 물과 평상시의 사료를 반려묘와 가까운 곳에 둡니다.

3 반려묘가 물 마시기를 힘들어하면 바늘이 없는 주사기에 물을 약간 넣은 후 조금씩 먹입니다.

4 선풍기를 틀어주세요.

5 차갑지 않은 시원한 물을 반려묘의 털 위에 바로 부어주거나 털 위에 천을 놓고 부어주세요.

24시간 기준 해열 시간

위: 다치지 않았는데도 열이 있을 경우에는 반려묘를 서늘하고 어두운 방에 둔다.

왼쪽과 아래: 귀 체온계는 정확도가 떨어지나 필요하다면 구급상자에 준비해 둔다. 탈수 증상이 있을 때는 주사기로 물을 먹인다.

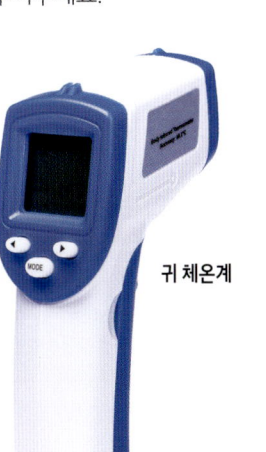

귀 체온계

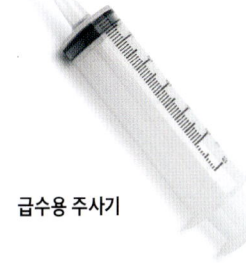

급수용 주사기

구토

구토를 하지만 다른 건강상의 이상이 없어 보이면 먹이를 치우고 새 물을 줍니다. 일단 구토가 멈추면 2시간 기다렸다가 한 티스푼 분량의 먹이를 주세요. 이걸 먹고 몇 시간 내에 이상이 없으면 한 티스푼 더 주세요. 24시간 동안 이렇게 계속해보고 이상이 없다면 평상시 식사 패턴으로 돌아갑니다.

24시간 이상 계속 구토를 하거나 기운이 없어 보이면 동물병원에 문의합니다.

반려묘가 아래의 징후를 보이면 가능한 한 빨리 수의사에게 연락합니다:

24시간 증상완화 기준시간

잇몸이 옅은 분홍빛에서 창백하게 변하거나 차가워질 때

NOTE:
구토, 설사 증상이 모두 있으면 동물병원에 연락하세요.

물을 삼킬 수 없거나 토사물에 피와 특이한 것이 있을 때

위: 구토하기 전에 구역질하고 힘들어 한다. 침을 흘리고 삼키기를 반복하며 복부 수축이 있을 수 있다.

설사

구토 없이 설사만 한다면 저절로 나을 수 있습니다. 신선한 물을 충분히 주고 마시도록 도와주세요. 설사를 하는 동안에는 닭이나 흰 살 생선 같은 담백한 음식을 주도록 합니다.

24시간 이상 설사가 계속되면서 다른 부정적인 건강상의 변화가 보이거나, 반려묘가 아주 어리거나 나이가 많거나, 기저질환이 있으면 동물병원에 데려가야 합니다. 혈변을 보거나, 배변색이 까맣고 물설사를 보거나, 설사량이 너무 많으면 반려묘를 동물병원에 데려갑니다.

흰 살 생선

24시간 증상완화 기준시간

아래와 오른쪽: 설사가 멈추면 물을 마시게 하고 소량의 담백한 음식을 다시 주도록 한다.

삶은 닭고기

발작

발작을 일으킬 때는 의식이 없고 통증을 못 느낀다는 점에 유의하세요. 다리와 턱에 심한 경련을 일으킬 수 있으니 반려묘가 상처를 입지 않도록 조심해야 합니다.

5분 이상 발작이 계속되면 동물병원에 데려갑니다. 24시간 이내에 2회 이상 발작이 있을 경우에도 동물병원에 데려갑니다.

발작이 멈춘 후 방향 감각을 잃거나 이상한 행동을 보이고 공격성을 보일 수 있습니다. 발작의 원인이 될 수 있는 질병을 진단받은 적이 없다면 그 원인 파악을 위해 동물병원에 데려가야 합니다.

발작의 모습

- 갑자기 쓰러짐
- 통제 불가능한 다리의 떨림
- 얼굴 경련
- 침 흘림
- 의식 상실
- 배뇨와 배변

NOTE:
이런 징후가 나타나면 동물병원으로 데려갑니다.

아래: 발작을 일으킬 때 보호자가 반려묘를 쓰다듬으며 안정시키려고 하면 발작이 더 오래 지속될 수 있다. 필요할 경우 반려묘를 조용한 방으로 옮긴 후 상태를 관찰하도록 한다.

24시간
발작 횟수

발작을 일으킬 때 해야 할 일

반려묘가 발작을 일으키면 다음 순서대로 합니다:

1 발작이 시작된 시간을 확인하고 지속된 시간을 기록합니다.

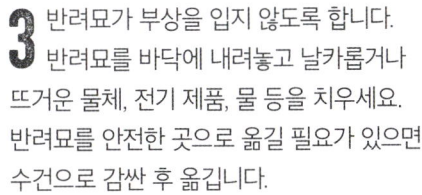

2 발작 시간이 길어 줄 수 있으므로 반려묘를 안거나 쓰다듬지 않습니다.

3 반려묘가 부상을 입지 않도록 합니다. 반려묘를 바닥에 내려놓고 날카롭거나 뜨거운 물체, 전기 제품, 물 등을 치우세요. 반려묘를 안전한 곳으로 옮길 필요가 있으면 수건으로 감싼 후 옮깁니다.

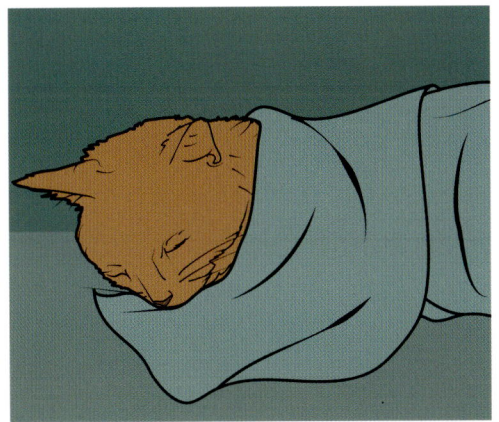

4 방을 어둡게 하고 소음은 최소화합니다.

오른쪽: 발작은 보통 1분에서 3분 동안 지속되며 회복하려면 몇 초에서 몇 시간까지 걸릴 수 있다.

마비

반려묘의 신체 일부가 움직이지 않으면 마비 상태일 수 있습니다. 인근 동물병원에 연락해서 곧 간다고 알리고 즉시 반려묘를 데리고 가세요.

마비는 다리 하나를 움직일 수 없는 것과 같은 부분 마비와 몸 전체를 움직일 수 없는 전신 마비 형태로 나타날 수 있습니다. 반려묘가 몸 일부를 움직이지 못하면 뇌로 가는 신경 신호가 어떤 이유로 방해받는 것입니다. 모든 형태의 마비는 중증이므로 응급 상황으로 간주해야 합니다.

오른쪽: 신체 일부가 마비되면 그루밍, 목욕과 같은 일상적인 건강관리에 도움이 필요하다.

마비를 일으키는 원인

마비는 아무 원인없이 저절로 일어나는 것처럼 보이나 반려묘의 기저질환이 원인일 수 있습니다.

일반적인 원인은 다음과 같습니다:

- 진드기 물림
- 혈전
- 뇌졸중
- 바이러스 감염
- 크립토코커스 (크립토코커스증의 원인균)
- 신경 손상
- 외상
- 종양
- 보툴리누스 식중독
- 톡소플라스마 기생충 감염
- 척추나 중추 신경계 염증

왼쪽: 어떤 진드기는 반려묘를 마비시키는 독소를 만들어 낸다. 이 진드기에 물렸다면 응급치료를 위해 동물병원에 데려가야 한다.

마비된 반려묘 옮기기

- 마비된 신체 부위가 움직이지 않도록 유의하면서 큰 하드커버 책, 나무판, 두꺼운 판자와 같이 단단하고 평평한 표면의 들것에 반려묘를 밀어 옮깁니다.

- 가능하면 이송 중에 반려묘가 움직이지 않게 도와줄 수 있는 사람과 동행합니다.

- 혼자일 경우 반려묘를 판자위에 둔 채로 캐리어에 넣으세요. 캐리어가 없으면, 플라스틱 상자나 두꺼운 골판지 상자를 이용합니다.

✚ 들것 사용법 74 페이지

반려묘 이송용 들것 만들기

마비 상태의 반려묘를 위한 장기적인 해결책들

중증 정도에 따라 반려묘에게 다음과 같은 조정이 필요할 수 있습니다:

- 높이가 낮은 화장실
- 사료 용기는 바닥보다 약간 높은 받침대에 놓기
- 정형외과용 침대
- 침대로 올라가는 경사로 만들기
- 계단 안전문 사용하기
- 규칙적 빗질하기
- 규칙적 목욕하기
- 화장실 사용 도와주기

외상이나 뇌졸중을 앓고 있다면 이동 장치나 휠체어가 필요할 수 있습니다. 수의사와 상의해서 이용 가능한 것들을 알아보세요. 반려묘의 상황에 맞는 적합한 선택을 할 수 있도록 도와줄 겁니다.

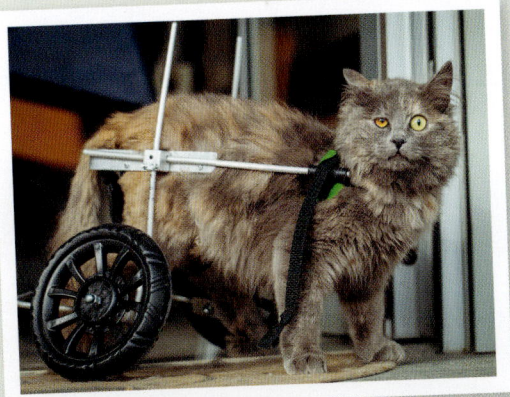

위: 마비 상태에서도 높은 삶의 질을 유지하기 위해 도움을 주는 다양한 보조 기구가 있다.

중독

사람이 먹는 음식 중 다수가 반려묘에게 독이 됩니다. 뜻하지 않게 사람이 먹는 음식으로 반려묘에게 해를 입히지 않으려면 먹고 남은 음식이나 찌꺼기를 주지 마세요. 반려묘 사료는 반려묘의 기호와 영향균형을 고려하여 만들어 졌습니다. 여분의 간식을 주고 싶으면 애완동물 가게에서 간식을 사도록 합니다.

의약품, 세척제품, 그리고 모든 화학제품은 반려묘에게 닿지 않도록 안전하게 보관하세요. 반려묘가 수납장에 들어가는 방법을 알게 되면 반려묘 또는 어린이 보호용 자물쇠로 수납장 문을 잠급니다. 반려묘가 돌아다니는 집 안 또는 집 주변에 살충제를 사용하지 마세요.

아래: 고양이 중독 사고의 대부분은 예방할 수 있다. 반려묘가 접근하지 못하도록 모든 독성물질을 수납장에 안전하게 보관하도록 한다.

중독 159

고양이에게 독이 될 수 있는 물질

반려묘에게 독이 되는 음식, 약품, 식물 등을 수납장에 보관하고 반려동물에게 닿지 않도록 합니다. 독성이 있거나 잠재적으로 위험한 식품은 다음과 같습니다:

- 양파와 마늘
- 날달걀과 생고기
- 우유를 포함한 유제품
- 포도와 건포도
- 술
- 고양이 뱃속에서 알코올 발효가 될 수 있는 생반죽
- 독성이 있거나 환각을 유발하는 버섯
- 초콜릿과 카페인
- 마카다미아 견과
- 토마토 (특히 덜 익은 토마토)
- 설탕과 감미료
- 과일의 단단한 부분이나 씨 (장 폐색을 유발할 수 있음)

반려묘에게 중독을 일으킬 수 있는 가정 내 식물

가정에서 키우는 식물 중에 독성이 있는 것을 알아 두세요. 반려묘에게 독이 되는 식물은 다양하며 그 중 흔한 식물은 다음과 같습니다:

백합

진달래속 식물

진달래, 철쭉

튤립

수선화

반려묘의 중독 징후

중독과 관련된 많은 징후가 있으며 이 중독 징후는 독의 종류와 반려묘가 삼켰는지, 숨으로 들이마셨는지, 직접 접촉했는지 등의 신체 유입 형태에 따라 다양합니다.

중독되었음을 알 수 있는 가장 흔한 징후는 다음과 같습니다:
- 구토
- 설사
- 허약감
- 창백한 잇몸
- 호흡 곤란
- 침 흘림
- 토사물, 변, 침 등에 포함된 피
- 과도한 갈증
- 식욕 상실

NOTE: 수의사가 지시하지 않는 한 구토를 유도해서는 안 됩니다.

행동에 옮기기!

중독되었을 지 모른다고 생각하면 그 즉시 동물병원에 데려가세요. 중독 사고의 경우 시간이 핵심입니다.

백합의 꽃가루, 부동액, 제초제, 혹은 위에 언급한 그 외 물질을 먹었다면 가능한 빨리 동물병원에 데려갑니다. 고양이는 국소 벼룩 치료제, 쥐약, 사람이 먹는 약의 과용으로 중독될 수도 있습니다. 반려묘가 먹은 것이 독성이 있는지 확실하지 않을 때는 동물병원에 연락해서 독성 정보를 확인할 수 있습니다.

추가적인 주의사항

고양이를 키우면 절대로 집에 백합을 가져오면 안 됩니다. **백합 속** the genera Lilium and Hermerocallis 식물은 고양이에게 독성이 매우 강하며 사망까지 유발할 수 있습니다. 백합의 모든 부분이 고양이에게 독이 됩니다. 백합의 꽃가루는 반려묘가 옆을 지날 때 털에 붙을 수 있습니다. 이후 그루밍 중 삼키면 심한 신장부전증을 일으킬 수 있습니다.

부동액은 반려묘가 닿지 않는 안전한 장소에 보관하세요. 고양이는 부동액에 매우 끌리는 데, 부동액을 삼키면 심각한 신장병으로 사망할 수 있습니다. 한 티스푼 정도의 부동액이라도 반려묘에게는 치사량이 됩니다. 반려묘가 부동액을 삼키는 것을 방지하기 위해 흘린 것은 (한 방울이라도) 모두 깨끗이 닦고 부동액 용기를 수납장이나 보관함에 보관하세요.

오른쪽: 중독 징후를 보이면 가능한 빨리 동물병원으로 데리고 간다. 빨리 치료할수록 회복 가능성이 커진다.

임신

중성화하지 않은 암컷 반려묘가 임신했다고 생각하면 임신 여부를 확인할 수 있는 동물병원으로 데려갑니다. 임신 징후가 보일 때면 반려묘는 이미 임신 몇 주의 상태일 수 있습니다.

고양이에게 임신 기간은 60일에서 67일입니다. 언제 분만할지 정확히 알기 어렵기 때문에 가정에서 출산 준비를 하는 것이 일반적입니다. 집에서 분만하는 것이 걱정되면 동물병원에 상의해 보세요. 분만 과정에 대해 조언해주고 궁금한 점을 답해 줄 수 있을 겁니다. 임신 기간 내내 잘 돌봐 줘야 하고 출산시기를 전후하여 어미 반려묘와 갓 태어난 새끼는 특별한 보살핌이 필요합니다.

위와 아래: 반려묘가 임신한 것 같으면 동물병원에 데려간다. 수의사가 임신 기간 내내 도움을 줄 것이고 상황에 따른 최선의 출산 준비절차를 설명해줄 것이다.

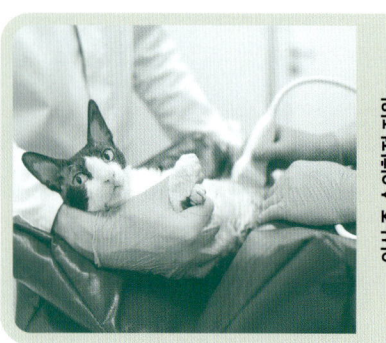

임신 중 수의학적 지원

출산 준비

임신 마지막 몇 주 동안, 반려묘는 적당한 분만 장소를 찾기 시작합니다. 집 내의 조용하고 어두운 장소에 분만 장소를 마련해 주는 것이 좋습니다. 분만 장소에 신문지나 낡았지만 깨끗한 수건이나 담요를 깐 종이 박스를 놓아 둡니다. 반려묘를 임신 마지막 몇 주 동안 분만용 상자 안에 머물게 해서 출산 과정을 지켜보며 합병증이 생기면 바로 조치를 합니다.

위: 집에서 출산을 준비하려면 수건이나 담요를 넣은 상자나 켄넬을 마련한다. 분만용 상자는 반려묘가 안전하고 편하게 느낄 수 있도록 집의 조용한 곳에 둔다.

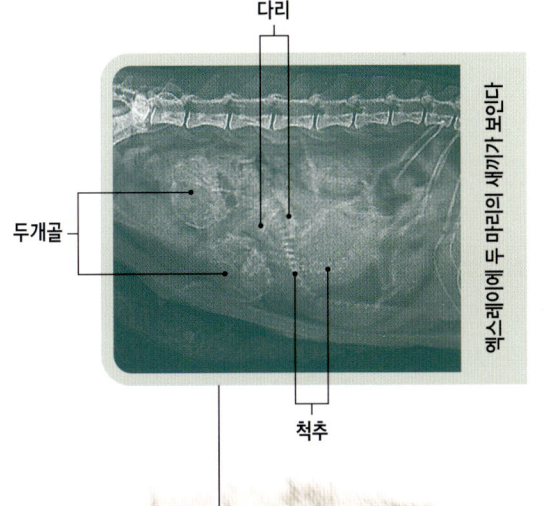

다리

두개골

척추

방사선에서 새끼가 보입니다

출산

출산 직전이 되면 안절부절 못하기 시작합니다. 소리를 지르거나 숨을 가쁘게 쉬며 생식기와 유두 주위를 핥습니다. 출산 몇 시간 전부터는 먹이를 먹지 않을 수도 있습니다. 출산은 일반적으로 3단계로 진행됩니다.

1단계
정상적인 출산 상황에서 출산의 첫 단계는, 특히 첫 출산의 경우 36시간까지 소요됩니다. 이 단계에서는 자궁경관과 질이 이완하며 자궁이 수축하기 시작합니다. 반려묘는 이 단계에서 힘을 주지는 않지만, 새끼 고양이가 복벽을 이동하는 것을 볼 수 있습니다. 이 단계에서 반려묘는 주기적으로 분만용 상자를 들락날락합니다. 반려묘를 잘 지켜보고 편안하게 도와주면서 안심시키세요.

2단계
출산 두 번째 단계에서 자궁 수축은 더욱 강해지고 자주 발생합니다. 첫 번째 새끼 고양이가 골반으로 밀려 나오며 골반에 도달하게 되면 새끼 고양이를 싸고 있는 양막이 외음부에서 잠깐 보입니다. "양막"이 터지면서 양수가 일부 흘러나오고 반려묘는 양수를 핥습니다. 새끼 고양이가 들어있는 양막의 두 번째 층이 골반을 통과하면 머리가 먼저 보인 후 나머지 부분이 나오게 됩니다. 두 번째 단계는 5분에서 30분 정도 걸립니다.

> **NOTE:**
> 출산 과정에서 문제가 있다면 바로 동물병원에 연락하여 문의합니다.

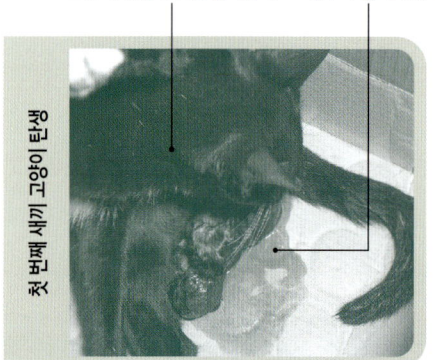

첫 번째 새끼 고양이가 태어나면 반려묘는 양막을 열고 새끼 고양이의 입과 코를 닦아준다

양막이 터지며 양수가 흘러나온다

첫 번째 새끼 고양이 탄생

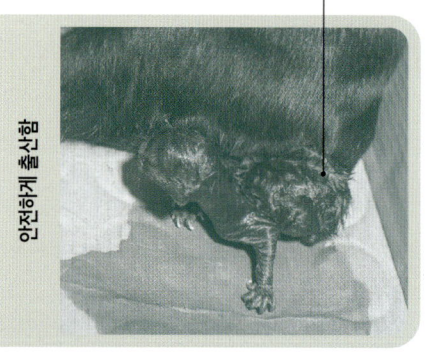

안전하게 출산한 새끼 고양이는 어미 곁에서 따뜻하고 안전하게 머무른다

안전하게 출산함

임신 **165**

3단계

2단계 후에 3단계가 바로 시작됩니다. 3단계에서 검은 색의 덩어리인 태반과 함께 양막이 골반을 통해 배출됩니다. 여러 마리 새끼 고양이가 태어나면서 2, 3단계가 반복됩니다. 새끼 고양이 한 마리가 태어나고 즉시 막이 나오지 않더라도 놀라지 마세요. 때로는 다음 번 출산하는 새끼 고양이가 양막의 배출 경로를 막는 경우가 있습니다. 이런 경우에 다음 새끼 고양이의 출산 이후 2개의 양막이 한꺼번에 나오게 됩니다. 새끼 고양이들의 출산 간격은 10분에서 1시간 정도입니다. 고양이는 1마리에서 12마리까지 출산합니다 (4마리가 가장 일반적임).

아래: 고양이는 대부분 아무 탈 없이 자연 분만을 한다. 보호자가 옆에서 출산 과정을 지켜보면 집에서 안전하게 출산할 수 있을 것이다.

> **NOTE:**
> 고양이는 한 마리나 그 이상의 새끼 고양이들을 낳을 수 있습니다. 출산 과정에서 잠시 출산을 멈추고 남아있는 새끼 고양이들을 모두 출산하는 데 최대 36시간까지 걸릴 수 있습니다. 중단 분만interrupted birthing 이라고 하며 이 단계에서는 반려묘에게 먹이와 물을 줄 수 있습니다.

반려묘는 각 새끼 고양이가 태어날 때마다 양막을 열어서 입과 코 부위를 닦아주고 탯줄을 물어 끊고 태반을 먹습니다. 자연스러운 과정으로 반려묘는 사람의 개입 없이 수월하게 모든 출산 단계를 완료할 것입니다.

각 새끼 고양이가 건강하게 태어나는 데는 최대 1시간까지 소요될 수 있다

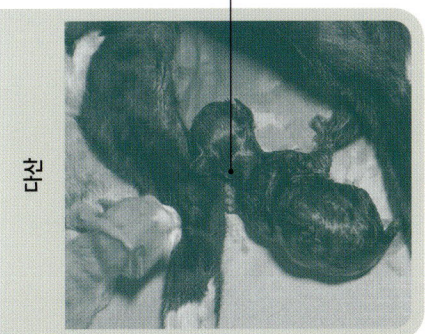

처음

모든 새끼 고양이가 다 태어날 때까지 반려묘와 새끼 고양이들을 잘 지켜보고 필요한 경우가 아니라면 개입하지 않는다

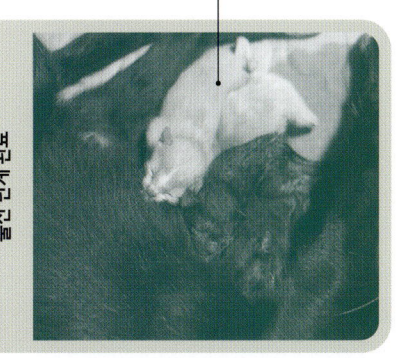

출산 3단계

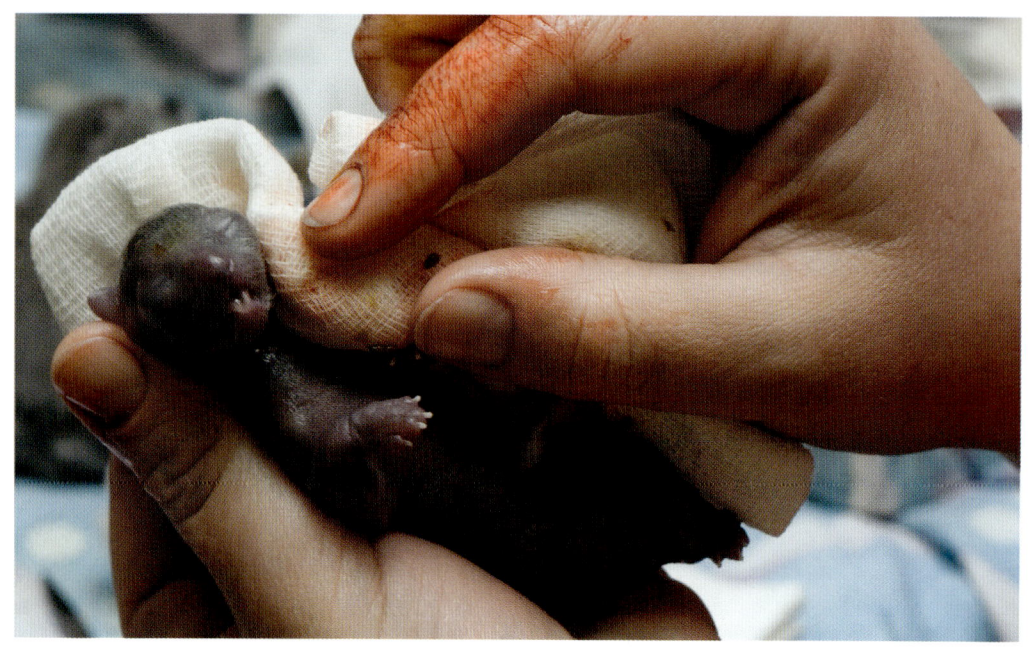

위: 어미 고양이가 새끼 고양이의 기도를 확보하지 못했으면, 깨끗한 수건으로 새끼 고양이의 입과 코 주변의 양막을 제거합니다.

혹시 출산 중 문제가 발생하면?

대부분 고양이는 별문제 없이 스스로 분만을 하지만 합병증을 일으킬 때를 대비해 보호자가 옆에서 출산 과정을 지켜보는 것이 중요합니다. 이전에 설명한 것처럼 일부 고양이는 다음 새끼 고양이를 낳기까지 최대 36시간 동안 멈춰 있는 중단 분만을 합니다. 이때 어미 고양이는 긴장을 풀며 보통 먹거나 마시고 새끼 고양이들에게 젖을 먹입니다. 그러나 시간이 너무 지연되고 고양이가 고통스러워 하면 출산 과정에 문제가 생긴 것일 수 있습니다.

정상적인 분만 시 힘주는 일은 고되지만, 새끼 고양이를 출산하는 과정이며 고양이가 통증을 느끼는 것으로 보이지는 않습니다. 그러나 반려묘가 힘을 주고 있지만, 출산이 진행되지 않으면 태아가 산도에 막혀 있을 수 있습니다. 반려묘는 헐떡거리고 소리를 내거나 불안정하고 지칠 수 있습니다. 이런 상태가 되면, 새끼 고양이가 골반을 통과했는지 확인하기 위해 외부에서 꼬리 아래의 회음 부위를 만져 봅니다. 외음부 주위에 아무것도 만져지는 것이 없으면 동물병원에 전화해서 문의합니다. 외음부에서 새끼 고양이 몸의 일부가 보일 때 새끼 고양이를 살리기 위해서는 출산이 매우 신속히 이뤄져야 합니다. 수의사가 현장으로 바로 올 수 없다면 보호자가 출산 과정에 도움을 주어야 합니다.

반려묘가 힘주기를 포기하고 새끼 고양이가 외음부에 바르게(머리가 먼저) 매달려 있으면 새끼 고양이의 기도에서 양막을 제거할 수 있습니다. 먼저 코와 입을 깨끗이 닦아냅니다. 산도의 각에 맞춰 아래 방향을 유지하며 부드럽게 잡아당겨 조심스럽게 새끼 고양이를 밖으로 나오게 합니다.

발이 먼저 나올 때

머리가 아니라 꼬리와 다리가 먼저 보이면, 서둘러 조치해야 합니다.

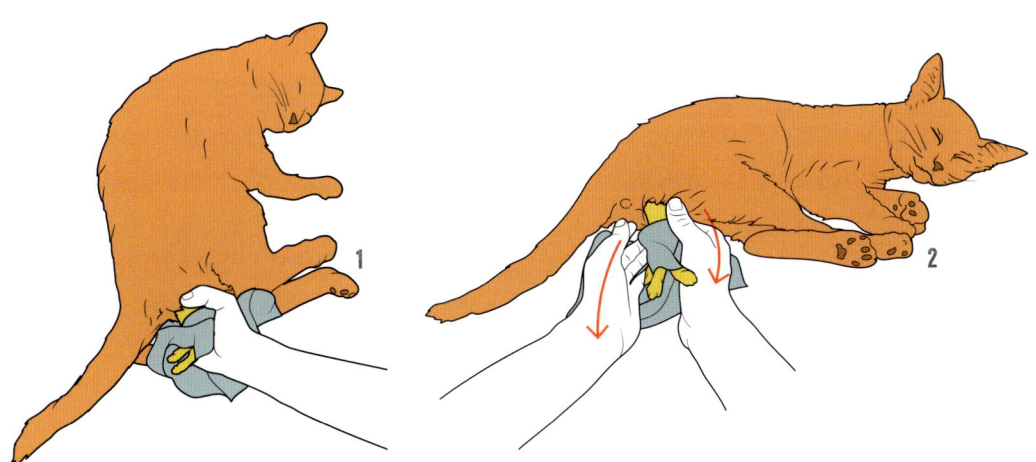

1 새끼의 몸은 미끄러우니 페이퍼 타월을 이용해서 몸을 잡습니다.

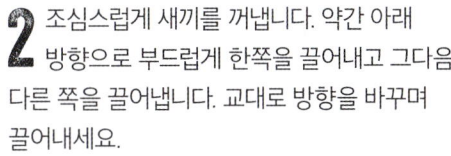

2 조심스럽게 새끼를 꺼냅니다. 약간 아래 방향으로 부드럽게 한쪽을 끌어내고 그다음 다른 쪽을 끌어냅니다. 교대로 방향을 바꾸며 끌어내세요.

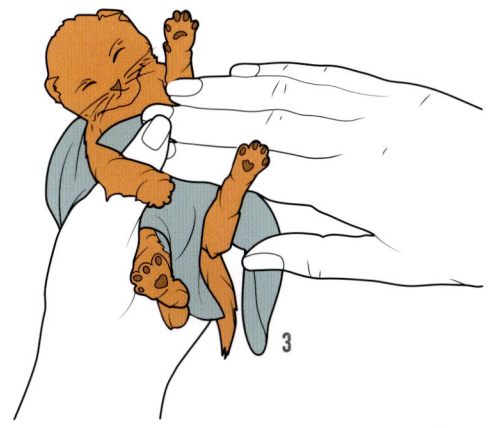

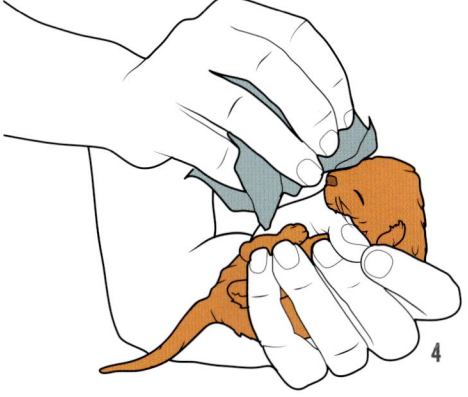

3 어미 고양이의 머리 옆에 새끼를 놔서 양막을 핥아주게 합니다. 보호자가 개입하기 전에 몇 분간 시간을 줍니다.

4 필요할 경우, 보호자가 코와 입의 양막을 수건으로 부드럽게 닦아주고 새끼가 숨을 쉴 수 있도록 머리를 아래로 기울여 양수를 제거합니다.

신생묘 돌보기

갓 태어난 새끼 고양이들은 영양공급과 온기를 찾아 어미 고양이에게 의지합니다. 보호자는 이 단계에서 어미 고양이와 새끼 고양이들을 지켜보며 필요한 것을 다 챙겨주는 도우미 역할을 하게 됩니다.

새끼 고양이들은 생후 4주까지 필요한 모든 영양분을 어미 고양이로부터 받게 됩니다. 이 시기에 새끼 고양이들이 매 2~3시간마다 모유를 먹는 것이 매우 중요한 데 모유에는 새끼 고양이들을 질병에서 보호하는 항체가 함유돼 있기 때문입니다. 새끼 고양이들이 어미에게 충분한 영양분을 섭취하지 못하는 것 같으면 동물병원에 연락합니다.

다음에 할 일은?
반려묘와 새끼 고양이들이 건강해 보이면 출생 후 일주일 이내에 어미와 새끼 고양이들 모두를 동물병원으로 데려가서 건강검진을 받습니다. 새끼 고양이들의 체온을 유지하고 불안감을 줄일 수 있도록 어미 고양이와 함께 이송합니다.

반려묘는 옆으로 누워 새끼 고양이들이 젖을 빨게 하는 데 새끼 고양이들은 처음 몇 주 동안에는 매일 여러 시간 동안 젖을 빨며 모유에 의존합니다. 반려묘가 먹이와 물을 충분히 공급받으며 편안하게 지내도록 해주세요. 4주가 되면 새끼 고양이들은 어미의 화장실 사용법을 흉내 내기 시작합니다. 거의 같은 시기에 새끼 고양이들은 젖을 떼고 사료로 옮겨 갑니다.

아래: 출산 후 처음 몇 주 동안은 반려묘와 새끼 고양이들을 편하게 놔두는 것이 좋다. 보호자는 특별한 일이 없으면 직접 개입하지 말고, 반려묘와 새끼 고양이들이 건강을 유지하도록 잘 지켜본다.

반려묘와 갓 태어난 새끼 고양이들의 산후 조리

갓 태어난 새끼 고양이들을 건강하게 키우려면 적절한 환경을 제공하는 것이 중요합니다. 새끼 반려묘를 정기적으로 확인하되 불필요하게 개입하지 않도록 합니다.

1 어미와 새끼 고양이들이 모두 함께 편히 지낼 수 있는 넉넉한 크기의 상자를 마련합니다. 상자 안에는 깨끗한 수건을 깔아주고 주기적으로 갈아줍니다.

2 상자는 다른 가족이나 동물과 떨어진 집의 조용한 곳에 둡니다. 방문은 닫고 소음으로 방해받지 않도록 합니다.

3 방을 20도에서 23도 정도로 따뜻하게 유지합니다. 감기는 새끼 고양이들에게 치명적입니다.

4 필요한 때 외에는 방해하지 않습니다. 어미 고양이는 출산 후 허약해져 있습니다. 어미 고양이가 회복되기 전에 새끼 고양이들을 다른 곳으로 보내거나 안게 되면 어미와 새끼 고양이들 모두에게 스트레스가 됩니다. 고양이들에게 부드럽게 천천히 접근하며 어미 고양이의 반응에 보호자의 행동을 맞추세요.

5 상자 바깥에서 고양이들을 관찰합니다. 모든 새끼 고양이들이 젖꼭지를 잘 찾아가는지, 매 2~3시간마다 젖을 먹는지 확인하세요.

6 생후 1주 이내에 어미와 새끼 고양이들 모두를 동물 병원으로 데려가서 건강검진을 합니다.

반려묘의 산후 조리

새끼 고양이들을 돌보면서 어미 반려묘도 매우 주의 깊게 지켜봐야 합니다. 흔하지는 않지만 다음과 같은 산후 건강 문제가 어미 고양이에게서 발생할 수 있습니다:

- **유선염** 유선 주변이 붓고 염증이 있거나 변색이 되고 새끼 고양이들의 몸무게가 기대한 만큼 늘지 않으면 가능한 한 빨리 동물병원으로 데리고 갑니다.

- **저칼슘혈증** 초조해하고 경직돼 보이며 허약해지고 짜증을 내며, 손길이나 소리에 과민반응을 보이거나, 근육 떨림이 보이면 혈관에 충분한 칼슘이 공급되지 않는 것일 수 있습니다. 이럴 때는 빨리 동물병원으로 데려가야 합니다.

- **자궁 내막염** 질이나 질 주변의 털에서 고름이 흐르는 것이 보이면 자궁 내벽에 염증이 생긴 것일 수 있습니다. 고름이나 무기력함, 식욕 부진, 허약감, 구토, 설사, 과도한 물 섭취, 우울증 등이 있으면 빨리 동물 병원으로 데려갑니다.

> **NOTE:**
> 많이 개입하지 않아도 반려묘와 새끼 고양이들은 잘 지낼 수 있을 겁니다. 하지만, 보호자는 발생 가능한 문제를 잘 알아 둬야 합니다.

신생묘 되살리기

숨을 쉬지 않는 새끼 고양이를 살리려면, 먼저 코와 입의 양막을 제거하고 머리를 아래로 기울여 양수를 빼내야 합니다.

탯줄이 끊기지 않았으면, 어미 고양이가 탯줄을 씹어 끊는 행동을 대신 흉내 내어 손가락으로 탯줄을 끊어줍니다. 잘못해서 새끼 고양이를 잡아당기지 않도록 새끼 고양이에게 붙어 있는 탯줄의 한쪽 끝을 잡고 있어야 합니다.

오른쪽: 심폐소생술을 배워 두면, 위급한 상태에 빠진 신생 고양이의 생명을 구할 수 있다.

새끼 고양이에게 인공호흡 하기

NOTE:
오른쪽의 순서를 시행한 후에도 새끼 고양이가 숨을 쉬지 않으면 동물 병원에 전화해서 문의합니다.

- 기도를 확보했으면 수의사가 인공호흡을 지시할 수 있습니다.
- 이 경우 보호자는 새끼 고양이의 폐로 매우 부드럽게 숨을 불어넣어야 합니다.
- 폐가 과도하게 팽창하는 것을 막기 위해 빨대를 사용하는 것이 효과적입니다.
- 새끼 고양이의 소생을 위해 출생 시부터 약 30분간 계속할 수 있습니다. 가까운 곳에 응급 병원이 있으면 전화해서 병원으로 데리고 가는 것이 좋은지를 문의합니다.

새끼 고양이 되살리기

새끼 고양이가 계속 숨을 안 쉬면 기도에서 양수를 제거해야 할 필요가 있습니다.

1 새끼 고양이를 보호자의 손바닥 위에 똑바로 눕히고 네 번째와 세 번째 손가락으로 목을 지탱합니다.

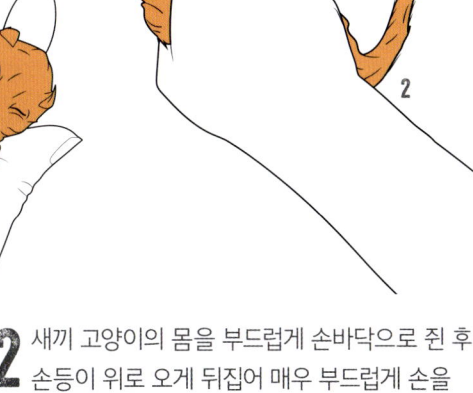

2 새끼 고양이의 몸을 부드럽게 손바닥으로 쥔 후 손등이 위로 오게 뒤집어 매우 부드럽게 손을 흔듭니다. 이렇게 하면 양수가 흘러나오고 호흡하도록 자극할 수 있습니다. 새끼 고양이가 다치지 않도록 매우 조심해야 합니다.

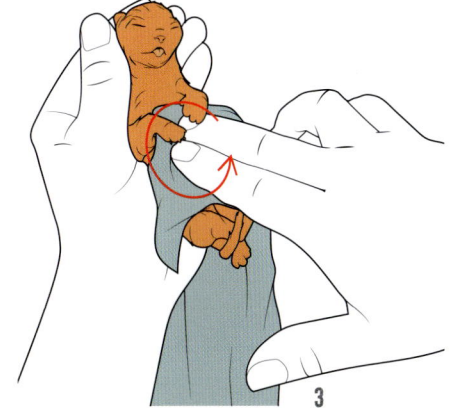

3 다음으로 코와 입 주위의 지저분한 것을 제거하고 새끼 고양이의 복부를 부드럽게 쓰다듬고 문지릅니다. 새끼 고양이가 숨을 쉬기 시작하면 수건으로 부드럽게 문질러서 말려 줍니다.

> **NOTE:**
> 신생 고양이를 따뜻하게 해주는 것은 필수입니다. 일반적으로 어미 고양이가 접촉을 통해 온기를 유지하지만 만일 어미 고양이가 그렇게 하지 않는다면 담요로 단단히 감싼 따뜻한 온수병을 이용하여 신생 고양이를 따뜻하게 해줄 수 있습니다.

넥카라 만드는 방법

넥카라(엘리자베스 카라, "창피한 깔때기"로도 알려짐)는 반려묘가 상처를 핥는 것을 막기 위해 사용하는 간단한 도구입니다.

넥카라는 상처를 핥지 않게 하는 데는 효과적이지만 고양이는 좋아하지 않습니다. 반려묘는 넥카라를 벗기 위해 발버둥을 칠 겁니다. 급하게 교체할 경우를 대비해서 넥카라 만드는 방법을 알아 두도록 합니다.

아래: 넥카라가 불편하지 않게 잘 고정되도록 씌운다. 넥카라 안으로 손가락 2개는 들어갈 수 있어야 한다.

비상용 넥카라 만들기

응급처치 상황에서 집에 넥카라가 없을 때 직접 만들 수 있습니다.

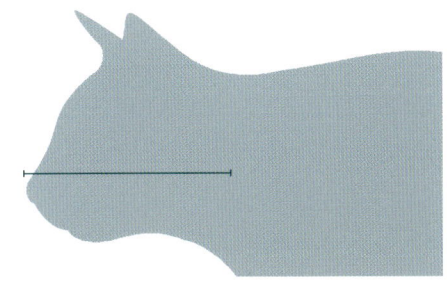

1 넥카라의 높이 측정을 위해 반려묘의 목덜미에서 코끝까지 잰 치수에 약 2.5cm를 더합니다.

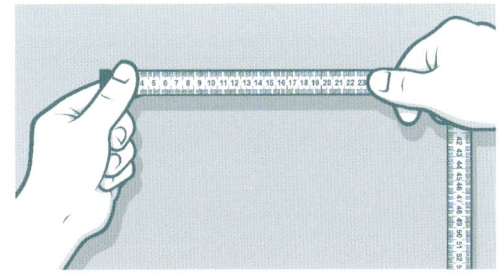

2 넥카라의 지름 측정을 위해 반려묘의 목둘레 길이를 잰 다음 약 1.5cm를 더합니다.

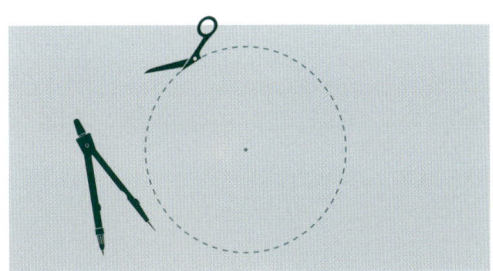

3 컴퍼스를 높이 길이에 맞추고 마분지에 원을 그려 잘라냅니다.

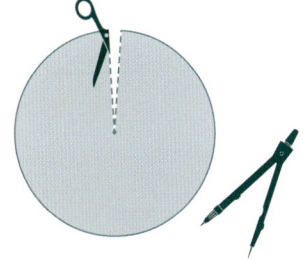

4 원의 바깥쪽 끝에서 원 중심으로 "V" 모양으로 자릅니다. 이때 원 중심에 "V" 글자의 끝점이 있습니다.

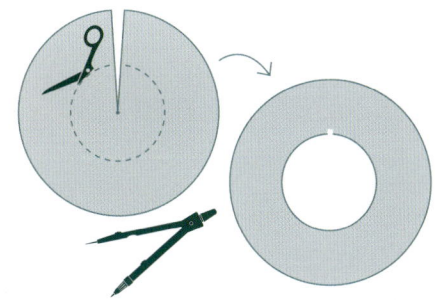

5 컴퍼스를 높이 길이의 절반에 맞추고 마분지 원의 가운데에 또 하나의 원을 그려 잘라냅니다.

6 큰 마분지 원을 원뿔 모양으로 접고 두 면이 만나는 가장자리에서 약 1.5cm되는 위치에 몇 개의 구멍을 냅니다. 양 끝에 모두 구멍을 낸 다음 두 면의 고정을 위해 리본을 구멍에 넣어 연결합니다. 고양이의 목에 고정되도록 리본을 묶습니다.

반려묘용 응급 캐리어 만들기

응급 상황에서 반려묘를 동물병원으로 이송할 때, 이송용 캐리어가 없는 경우 캐리어를 대체할 수 있는 것들이 있습니다.

고양이용으로 특수 설계된 캐리어를 이용해서 동물병원에 데려가는 것이 제일 좋은 방법입니다. 하지만, 응급 상황에서 캐리어가 없을 때 임시 방편으로 대처할 수 있는 방법들도 있습니다.

아래: 응급 시 반려묘를 상자에 넣어 이송할 때 상자가 안전한지 확인한다. 통풍이 잘되고 반려묘가 상자 바닥이 뚫어져 떨어 지거나 상자에서 탈출하는 일이 없어야 한다.

NOTE:

반려묘를 기를 때는 반드시 고양이용 캐리어가 있어야 합니다. 캐리어는 응급 상황 뿐만 아니라 반려묘가 건강하더라도 건강검진을 위해 동물병원에 갈 때 필요합니다. 팔에 안고 동물병원에 데려 가서는 안 됩니다. 캐리어에 대한 더 많은 정보는 '75 페이지를 참조하세요.

고양이용 임시 캐리어

어떤 임시 캐리어를 사용하든 안전하고 (반려묘가 도망가려고 할 수 있음) 통풍이 잘되는지 확인하세요.

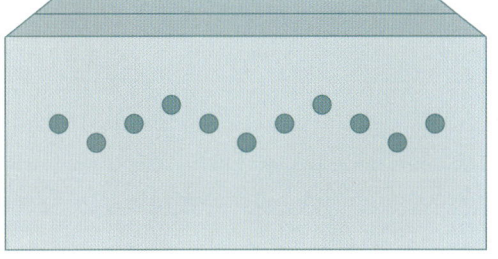

위: 통풍이 되는 상자나 가방을 임시 캐리어로 이용할 때, 고양이가 사용하던 담요나 보호자의 낡은 점퍼를 같이 넣어서 스트레스를 받을 반려묘에게 캐리어가 좀 더 편안해지도록 한다.

- 측면에 구멍이 뚫린 커다란 골판지 상자. 상자가 반려묘의 무게를 감당할 만큼 튼튼하고 바닥이 테이프로 단단히 고정되어 있는지 확인합니다. 반려묘를 상자에 넣어 이동할 때 상자의 바닥을 꼭 한 손으로 받치도록 하세요.

- 뚜껑에 구멍이 뚫린 대형 플라스틱 수납함.

- 바닥이 단단하고 통풍이 잘되는 스포츠 가방. 스포츠 가방은 대개 나일론 같은 통기성 소재와 공기가 통할 수 있는 메쉬 소재로 만들어져 있습니다. 비통기성 가방을 사용하려면 가방 옆면에 통풍 용도의 작은 구멍을 반드시 내야 합니다.

상자나 가방을 임시 캐리어로 이용할 때, 반려묘가 누울 수 있을 만큼 크기가 넉넉하고 안전과 편안함을 고려하여 바닥이 튼튼한 지를 확인합니다. 자동차로 반려묘를 이송할 때 캐리어는 안전띠로 고정하세요. 이와 함께 공기가 충분히 공급되고 있는지 주기적으로 반려묘를 확인합니다.

응급 상황

- 위중한 응급상황에서 다른 이용할 것이 전혀 없다면 통기성 면 베갯잇을 위에서 묶어 사용하세요.

- 베갯잇을 양동이나 뚜껑이 없는 주전자에 집어넣어 고양이가 몸부림치거나 베갯잇 안에서 스스로 상처 입지 않도록 합니다.

NOTE:

반려묘가 배뇨할 때를 대비해 임시 캐리어 안에 수건을 깝니다. 골판지 상자나 방수기능이 없는 가방이라면 캐리어를 비닐 봉투 위에 두도록 합니다. 공기 흐름을 막을 수 있기 때문에 캐리어를 비닐 봉투 안에 넣으면 안됩니다.

수의사 선생님
질문과 답변

중성화 수술의 이점은 무엇인가요?

난소적출, 거세와 같은 중성화는 외과수술을 포함하고 있으며 마취 위험이 일부 존재합니다. 그러나, 중성화는 많은 이점이 있어서 대개 그 이점은 마취 위험을 훨씬 넘어설 정도로 큽니다. 주로 중성화는 노년에 암으로 발전할 수 있는 위험을 줄여줍니다. 또한 위험한 자궁감염으로 발전할 우려를 줄여주고 임신, 출산과 관련된 위험요소를 제거합니다. 중성화가 반려묘의 성격을 바꾸지는 못하지만 공격성, 가출과 같은 바람직하지 않은 행동을 없앨 수 있습니다. 동물보호소는 이미 과포화 상태이므로 보호자가 새끼 반려묘를 원하지 않는다면 중성화를 권합니다. 당뇨나 간질이 있다면 약물효과를 저해할 수 있는 호르몬 변화를 줄이기 위해서도 중성화를 해야 합니다.

고양이는 생후 4개월 이후 중성화를 할 수 있다

예방접종은 몇 번이나 맞아야 하나요?

새끼 고양이는 보통 생후 9주쯤에 일반 질병에 대비한 예방접종을 시작하고 이후에는 12주 때 하게 됩니다. 초기 예방접종을 마친 후에는 1년에 한 번 동물병원에 데려가서 예방접종을 하면 됩니다. 한 번도 예방접종을 하지 않았거나 15개월 이상 예방접종을 하지 않았으면 동물병원으로 데려가 어떤 예방접종이 필요한지 상의하세요.

초기 예방접종으로 고양이 전염성 장염, 고양이 하피스 바이러스 및 고양이 칼리시바이러스, 고양이 클라미디아증, 고양이 백혈병 바이러스를 예방하게 됩니다.

언제 중성화를 해야 하나요?

암컷 반려묘가 새끼를 처음 낳을 때까지 중성화 수술을 미뤄야 한다는 것은 근거 없는 얘기입니다. 그 때까지 중성화를 미룰 필요가 없으며 반려묘에게 이점이 전혀 없습니다. 수컷과 암컷 고양이 모두 약 생후 4개월이 되면 중성화를 해야 합니다.

수의사 선생님 질문과 답변 177

반려묘를 밖에 나가게 해야 하나요?

고양이가 밖에서 자유롭게 돌아다니게 해줘야 하는지는 여전히 열띤 논쟁의 대상입니다. 야외 활동은 한편으로는 고양이의 웰빙에 유익합니다. 탐험, 오르기, 다른 고양이와의 소통, 사냥 같은 본능적 행동을 할 수 있습니다. 야외 활동은 고양이를 신체적으로 건강하게 하며 심리적으로도 자극이 될 것입니다. 다른 한편으로는 집 밖에는 혼잡한 도로, 다른 고양이와의 싸움 등 많은 위험이 존재합니다. 야외 활동을 하는 외출묘는 질병과 기생충에 감염될 가능성이 크고 야생 환경에, 특히 새에게 부정적인 영향을 미칩니다. 종이 달린 목줄은 새에 끼치는 부정적 영향을 줄일 수 있습니다. 반려묘의 외출에 대해 선택하기 어렵다면 동물병원에 상담해 보도록 하세요.

반려묘의 발톱을 제거해야 하나요?

의학적으로 필요한 경우가 아니라면 고양이의 발톱을 제거해서는 안 됩니다. 스크래칭은 영역표시와 관련된 고양이의 천성적인 행동으로 고양이는 오르기나 싸울 때를 대비해 발톱을 날카롭게 유지합니다. 발톱 제거 과정은 고양이에게 매우 고통스러울 뿐만 아니라 등 통증, 물기, 공격성, 배변 실수 등 행동상의 변화도 유발합니다. 반려묘가 가구 긁는 것을 방지하기 위해 스크래쳐 기둥과 종이 박스를 준비하세요. 스크래쳐 기둥과 종이 박스를 사용할 때는 상을 주도록 합니다. 스크래칭이 심하면 발톱을 다듬도록 합니다. 동물병원에 데려가거나 혹은 보호자가 자신 있다면 직접 발톱 손질을 할 수도 있습니다 (24 페이지).

발톱을 제거하면 다른 건강상의 문제를 유발할 수 있으므로 의학적으로 필요가 있을 때만 시행해야 한다. 여러 나라에서 발톱 제거를 법적으로 금지하고 있다

발톱 관리하기

스크래쳐 기둥이나 상자 등 적절한 스크래쳐를 마련해줘야 한다

반려묘가 동물병원에 가기 싫어해요, 어떻게 하면 좋나요?

반려묘가 캐리어에 익숙해지도록 여러 시간 동안 캐리어를 밖으로 꺼내 놓습니다. 반려묘가 캐리어를 안전하고 재미있는 장소로 인식하게 만들기 위해서 입니다. 캐리어에 익숙해지도록 캐리어 안에 담요를 깔고, 간식을 넣어 놓으며, 놀이도 하게 합니다. 병원으로 이송하는 동안 불안을 완화하기 위해 캐리어 안에 페로몬 스프레이를 뿌리는 것도 좋습니다. 캐리어 안에 담요나 수건을 깔아 캐리어를 편안하게 만드세요. 보호자의 점퍼로 캐리어에서 익숙한 냄새가 나도록 하는 것도 좋은 방법입니다. 마지막으로 고양이를 위해 특별히 고안된 분리 대기실이 있는 고양이 전용 동물병원도 고려해 볼만 합니다. 혹은 이동 검진 서비스를 제공하는 동물병원이 있는지 검색해서 수의사가 집으로 왕진할 수 있는지도 알아보세요.

동물병원에는 얼마나 자주 데려가야 하나요?

새끼 고양이는 초기 예방접종을 위해 여러 번 병원을 방문해야 합니다. 모든 필수 예방접종을 마친 건강한 성묘라면 1년에 한 번 동물병원에 가서 건강검진을 받습니다. 반려묘가 앓고 있는 질환이 있다면 좀 더 정기적으로 동물병원을 가야 할 수도 있습니다.

새끼 고양이는 태어난 첫 해에 예방접종과 중성화를 위해 정기적으로 동물병원에 데려가야 한다

성묘는 1년에 한 번 건강점진과 예방접종을 하는 것이 좋다

반려묘에게 마이크로칩을 이식해야 하나요?

반려묘가 길을 잃거나 집을 나갔을 때를 대비해서 마이크로칩을 이식하는 게 좋습니다.
마이크로칩은 쌀알 크기의 전자 칩으로 고양이의 주인에 대한 정보가 입력되어 있습니다. 이 칩은 반려묘의 피부 아래에 삽입되며 평생 그 부위에 남아있게 됩니다. 반려묘를 찾으면 인근 동물 병원이나 동물 보호소에서 칩을 스캔하여 주인의 연락처를 알 수 있습니다. 주사기로 칩을 삽입한 후에는 최신 개인정보 (전화번호, 집 주소, 비상 연락처)로 갱신해 주면 됩니다.

길 잃은 고양이를 발견했어요. 어떻게 해야 하나요?

다친 야생이나 길고양이를 발견하면 인근 동물 보호소에 연락하세요. 공격적이거나 반사회적인 고양이를 만지려고 하면 안 됩니다. 이런 경우에는 인도적인 방법으로 포획해서 이송하는 것이 최선입니다. 캐리어는 사용 후 철저히 소독해야 합니다. 다친 고양이가 순하고 주인이 있는 것 같으면 매우 조심스럽게 접근해서 만져야 합니다 (70 페이지). 다친 고양이를 캐리어에 넣어 안전하게 동물병원이나 동물 보호소에 이송할 수 있으면 그렇게 하세요. 고양이를 검진하고 주인을 찾아 줄 수 있습니다. 이송 수단이 없을 때는 동물 보호소에 연락하면 다친 고양이를 데려 갈 것입니다.

고양이에게 주인이 있을까?

고양이의 주인이 있는지 확인하려면 다음 순서대로 합니다:

- 목줄이 있으면 연락처가 있는지 확인합니다.
- 동물병원에 데려가서 마이크로칩을 스캔합니다.
- 고양이를 발견한 지역의 주민들에게 물어봅니다.
- 소셜 미디어에 사진을 올리고 공유합니다.
- 사진, 설명, 발견한 사람의 연락처가 기재된 전단지를 주변에 배포합니다.
- 지방 신문과 소셜 미디어에서 해당 지역의 잃어버린 고양이에 대한 게시물을 확인합니다.

반려묘가 자꾸 배변 실수를 해요. 어떻게 해야 할까요?

고양이가 배변 실수를 하는 데는 많은 이유가 있습니다. 반려묘가 화장실을 사용하려고는 하지만 화장실 바로 바깥의 근처에서 배뇨나 배변을 하면 화장실이 너무 작아서 그럴 수 있습니다. 이런 경우, 반려묘는 화장실 안에서 웅크리지만, 대변이나 소변이 통 바깥에 떨어지게 되므로 바닥이 더 큰 것으로 바꿔줘야 합니다. 바른 배변 자세 기준으로 화장실의 길이는 반려묘의 키보다 1.5배, 넓이는 3배가 되어야 합니다.

화장실을 두기 가장 좋은 위치는 지나친 소음이나 활동, 사료 및 잠자리와 떨어져 있는 곳입니다. 고양이가 한 마리 이상이면 고양이당 한 개의 화장실이 필요합니다. 고양이는 화장실이 더러우면 사용하기 싫어하기 때문에 매일 치워주고, 필요하면 깨끗이 닦거나 새로 마련해야 합니다. 화장실의 높이는 5cm에서 8cm여야 합니다.

화장실이 크지만, 반려묘가 맨 끝에 서서 사용한다면 배변용 모래를 좋아하지 않는 것일 수 있습니다. 다른 모래를 넣은 별도의 화장실을 놓은 후 반려묘가 어떤 것을 좋아하는지 확인해 봅니다.

반려묘가 변비가 있으면 화장실에서 힘을 주며 얼마간 시도한 다음 포기하고 화장실을 나가는 길에 배변을 할 수가 있습니다. 이런 경우에는 동물병원에 데려가서 변비의 원인을 알아보세요.

고양이가 노령이면 화장실의 출입이 쉽도록 얕고 표면이 넓은 것으로 바꿉니다.

반려묘가 정기적으로 화장실로 가지만 배뇨나 배변을 못 하거나 화장실에서 멀리 떨어진 곳에 일을 볼 경우에는 동물병원으로 데려가 원인을 알아보세요. 의학적 문제가 있음을 알리는 징후일 수 있습니다.

- 화장실의 크기가 반려묘에게 충분한지 확인하기
- 반려묘가 좋아하는 모래 찾기
- 매일 모든 배설물을 치우고 화장실을 깨끗이 닦기

털이 빠지지 않게 하는 방법은 무엇인가요?

털 빠짐은 자연스러운 현상으로 털이 빠지지 않게 하는 방법은 없습니다. 그러나 떨 빠짐을 어느 정도 관리할 수는 있습니다. 모든 고양이는 털이 빠지며 식단, 건강 상태, 계절의 변화에 따라 약간 다를 수 있습니다. 고양이는 추운 달에는 털이 두꺼워지고 날씨가 따뜻해 지면 털이 빠집니다. 털 빠짐을 관리하는 최고의 방법은 규칙적으로 빗질을 해주는 겁니다. 매주 또는 매일 정기적으로 빗질을 하는 것이 털 관리에 도움이 됩니다.

NOTE:

평소보다 털이 훨씬 많이 빠지면 동물병원에 데려가야 합니다. 과도하게 털이 빠지는 경우에는 기생충이나 영양 문제 등의 의학적 원인이 있을 수 있습니다.

— 빗질에 익숙해지도록 반려묘가 어릴 때부터 빗질을 시작해야 한다

— 고양이는 계절의 변화에 따라 털이 빠진다

picture credits

저작권이 있는 사진자료를 출판하도록 허가해 준 다음 에이전시에 감사의 말씀을 드립니다:

shutterstock.com
Happy Author: 3, 64, 86, 137; KDdesignphoto: 4, 101; Constantin Iosif: 5, 149, 157; PolinaBright: 6; New Africa: 6, 66, 105; Ondacaracola: 7; Beatriz Vera: 7, 62; Sonsedska Yuliia: 9, 21, 24, 143, 160, 184; Alexander_P: 12, 14, 15, 59, 60, 126, 150; gritsalak karalak: 13; KOKTARO: 13, 16, 131, 141, 142; Chris Soucy: 14; Robynrg: 15; Elisa Putti: 16; oksana2010: 16; tranac: 16; Kucher Serhii: 17; Margo Harrison: 17; Rainer Lesniewski: 18; Csaba Vanyi: 19; Maryia_K: 19; zawafoto: 19; yod67: 21, 22, 49, 59, 68, 69, 88, 95, 97, 99; Picsfive: 21, 88; Abigail Crawford: 22; Sergii Baibak: 22; ekkapon: 22, 40; Pongsak A: 23; Toa55: 23; TungCheung: 23; Elya Vatel: 24; MyImages - Micha: 24, 31, 83; Africa Studio: 26, 31, 36, 38, 75, 90, 140, 145, 151, 159, 180, 187; Maximilian100: 27; metha1819: 27; Studio Ayutaka: 27; Benjamin Simeneta: 28; Gabbmiester: 28; Kasefoto: 28; Pavel Vinnik: 28, 39; Agata Kowalczyk: 29; jessjeppe: 29; Suzanne Tucker: 30, 119; Nils Jacobi: 30, 149, 152, 177, 179; Antonsov85: 30, 83; Eric Isselee: 31, 34, 35, 91, 93, 153, 159; Krissi Lundgren: 32; Lux Blue: 32; Guitarfoto studio: 33; shymar27: 33; Usacheva Ekaterina: 34; eremeevdv: 35; cynoclub: 36, 50, 99, 134; Dora Zett: 37; Okssi: 38, 152; Mark_KA: 39, 55; Sergiy Kuzmin: 40; Jiri Hera: 40, 44; ; cristi180884: 41; Mark stock: 41, 45, 48, 61, 63, 65, 72, 77, 89, 93, 98, 115, 117, 118, 121, 122, 123, 124, 127, 128, 129, 133, 134, 136, 137, 139, 140, 147, 141, 142, 148, 149, 152, 154, 161, 164, 181; Dennis van de Water: 42; Yatsenko Alexey: 43; ElenaShow: 43, 103, 150, 173; Ermolaev Alexander: 44, 52, 64, 69, 78, 80, 93; atiger: 45; Sari ONeal: 45; Isis Medri: 46; Todorean-Gabriel: 46, 48, 145; nevodka: 46, 92, 177; Francesco Scotto di Vetta: 47; Usagi-P: 47; Vera Larina: 47; Vitalij Martynko: 47; Chanisa Ketbumrung: 48; Mariyana M: 49; Sandra Huber: 49, 67; studiovin: 49, 68, 69, 95, 97, 105; Konstantin Aksenov: 52; Denis Val: 53, 100; PRESSLAB: 54; Cattlaya Art: 55; PERLA BERANT WILDER: 55; Yellow Cat: 55, 124; ALEX S: 55, 153; Suradech Prapairat: 55, 153; prachyaloyfar: 56; Denis Tabler: 58; Steve Heap: 59; Akarat Phasura: 60; Noel V. Baebler: 60; elenabsl: 60, 120, 121; dezy: 61; Katho Menden: 63; Tom Wang: 63; Sviatlana Barchan: 65; kovalvl: 67; nito: 67; Viktoria Gavrilina: 67, 131; Passakorn Sakulphan: 67; Sanit Fuangnakhon: 67, 99; Gruffi: 68; prapass: 68; premkh: 68; 168 STUDIO: 68, 151; Regreto: 68, 95, 97; Oliver Wilde: 68, 97; Angelika Smile: 69, 87; Early Spring: 69, 87; Elena Elisseeva: 69, 87; Angel photographer: 71; schankz: 71, 124; frantic00: 74, 178; Bulltus_casso: 75; Chomphuphucar: 77; Ameena Matcha: 78; Miroslav Pesek: 78; Elena11: 79; Muanpare Wanpen: 79; Tatiana Chekryzhova: 79; Designua: 80; Maria Sbytova: 81, 162; Prilutskiy: 82; T.Den_Team: 83; maxsattana: 84; Mariia Boiko: 85; aperturesound: 86; Viktoriia Hnatiuk: 87; Catherine Murray: 88; Pakhnyushchy: 89; Pixel-Shot: 89, 101; Akifyeva S: 91; StockPhotoAstur: 92; Andriy Blokhin: 93; Kristi Blokhin: 95; PixieMe: 96; 135pixels: 98; agolndr: 99; Dmitriy Lukyanov: 99; goir: 99; Swapan Photography: 99; tanuha2001: 99; alisamorus: 100; Levent Konuk: 102; Neonci: 102; Oleksandr Lytvynenko: 102, 162; Lightspruch: 103, 122; Alekseykolotvin: 105; Anton Starikov: 105; VAKS-Stock Agency: 106; Land_of_Arion: 107, 146; Wil Setias Dizon: 108; Alan LeStourgeon: 109; ANURAK PONGPATIMET: 109, 163; Maliwan Prangpan: 110; Susan Schmitz: 113, 178; Mila Moskovskaya: 114; g215: 116; happymay: 116; Kachalkina Veronika: 116, 170; kou2341: 118; PhotoStockPhoto: 118; Butus: 119; SUSAN LEGGETT: 119; krumanop: 123; Nitiphonphat: 125; M. Sam: 127; Tanakorn Akkarakulchai: 127; Julija Kumpinovica: 128; Paul_Brighton: 128; supanee sukanakintr: 129; AnkaFed: 130; I am a Stranger: 131; Irina Kozorog: 132; Lethabo Joy: 133; PERO studio: 133; Tony Campbell: 135; DavidTB: 136; F_N: 138; Nataliia Pyzhova: 139; jooh: 142; sg19803: 142; TheRocky41: 144; Kalcutta: 146; THANYA24: 148; FLUKY FLUKY: 151; Hanna_photo: 151; Tim UR: 153, 159; C.PIPAT: 154; fotofree: 155; Lilia Solonari: 156; McGraw: 156; Morrowind: 157; Tomnamon: 157; Natalya Chumak: 158; akepong srichaichana: 159; Artem Kutsenko: 159; Lucky Business: 159; MaraZe: 159; Mega Pixel: 159; Moving Moment: 159; Rob Hyrons: 159; Roman Samokhin: 159; Sivaaun: 159; virtu studio: 159; Zeeking: 159; AZir: 160; domnitsky: 160; Evgeny Karandaev: 160; kamnuan: 160; Richard Griffin: 160; MirasWonderland: 161; NikolaJuricPhotography: 163; Vetlife: 163; PardoY: 164, 165; Yuttana Joe: 164, 165; Kotomiti Okuma: 166; Leonid and Anna Dedukh: 168; RamonaS: 171; AMMLERY: 172; Jamesbin: 173; Mallinka1: 173; Yulia Glam: 173; Lario: 174; tanumporn: 175; Anna Mitrohina: 176; KANOWA: 181; vandycan: 181; MelnikovS: 192;

gettyimages.com
Johner Images: 143

unsplash.com
Zoltan Tasi: 2; Kevin Knezic: 10; Uriel Soberanes: 105; Calum Lewis: 182

other
Ru Lanaway 126.
Sam Angus (Artwork model).

저작권이 있는 사진자료의 이용 허가를 얻기 위해 모든 노력을 기울였습니다. 오류, 누락이 있다면 이 점 사과드리며 잘못된 점을 알려주시면 향후 인쇄시 수정 반영하겠습니다.

과도한 털 빠짐	78, 181
귀 세척	79
부분 탈모	78
상처 주변 털 자르기	67, 76
샴푸하기	98-101
털 그슬림	130
톡소플라스마증	156
통증	35, 61, 63, 126
배뇨통	144
인식	112-115
통증 관리하기	115
퇴행성 관절염	50, 52

ㅍ

퍼링, 골골소리, 그르렁 소리	35, 113, 114
퍼즐 피더	28-29
폭풍 대피 계획	104-105, 109
피 토함	152, 161
피부	17
병변	79, 130
발적 현상, 빨갛게 변함	79, 130
피부염	79

ㅎ

하부 요로 질환	144-145
하악질	33, 35
하임리히법	121
핥기	15, 17, 47, 78, 142
항생제	134, 136
해부학적 구조	12-17
행동 변화	64, 112-114
헐떡거림	128

헛발질(얼굴 헛발질)	119
하피스 바이러스	26-27, 176
헤어볼	15, 118
혀	14
혈뇨	144
혈변	46, 153, 161
호흡	58-59, 63, 113, 115, 116, 126, 133, 138, 146, 149, 161
심폐소생술	122-125, 138
호흡계	59
호흡수	58-59, 63, 113, 115, 116, 146
홍수 대피 계획	104-105, 107
화상	63, 130-131, 149
화장실	36, 53, 105, 115, 180
화재 대피 계획	104-106
화학적 화상	130-131
활력 수준 변화	115, 116, 150
후각	16, 50-51
훈련	31, 36-37
흔들기	58, 154, 169

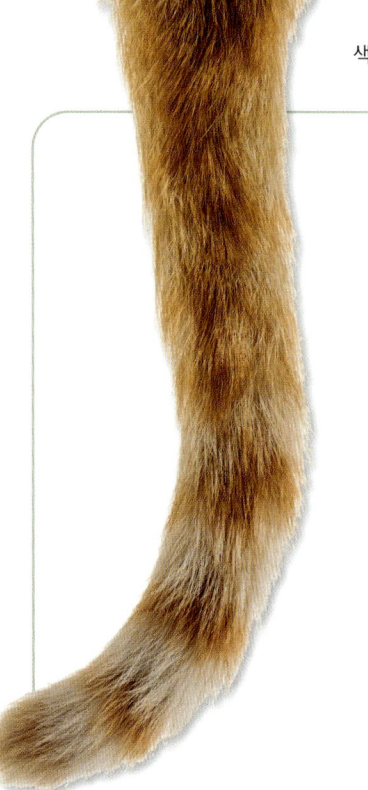

저자 제니퍼 파커

영국의 동물학자, 과학 작가, 동물 애호가. 영국의 대표적인 월간 동물학 저널의 수석 편집장으로서 3년을 보냈다. 수의사로 일하는 동안 동물 건강 관리와 케어에 대한 많은 글을 기고했다. 멸종 위기 동물의 보존 관련 학위를 취득한 후에는 동물의 웰빙과 보존을 증진하는 데 전념하고 있다. 카리브해 섬 몬테라트에 살고 있으며 지역사회에서 동물보호 프로젝트를 수행하며 글을 쓰고 있다.

옮긴이 이지애

메릴랜드 대학교 심리학과 졸업
엔터스코리아에서 전문 번역가로 활동

감수 이동국

죽전동물메디컬센터 대표원장
한국수의심장협회 (KAVC) 상임이사
한국고양이수의사회 회원

색인

심박수	58, 60, 63, 113, 115, 116, 121
심폐소생술	122-125
심폐소생술(CPR, 흉부 압박)	121, 123, 125
싸움으로 인한 상처	134-137
쓰러짐	63, 116, 128, 133, 149

ㅇ

아토피 피부염	79
알러지	78-79, 133
알약 투약기	91
암	176
암컷 발정기	35, 102-103
야간 시력	16
야옹 소리	34-35
야콥슨 기관	16
약품	115
보관	89
투약	88-97
여행, 이송	27, 74-75
연습	42-45
열사병	128
열상	141
염좌	70
예방접종	26-27, 176, 178
온찜질	115
외상	63, 138-143, 156-157
외출묘, 야외 활동 고양이	177
울부짖기	35
움직임 변화	113-114
유선염	169
으르렁거리는	35, 113, 114
응급키트	105
의식불명 상태	121, 122-125, 138-139, 146, 154
이물질 삼킴	63
익사	63, 146-147
인식표	104
임신	102-103, 162-167
산후조리	168-169
중단 분만	165, 166
입 벌리기	90
입마개	69
잇몸	18-23, 54, 61, 116-117, 146, 152, 161

ㅈ

자궁내막염	169
자세	112-114
작은 조각	67
잠자리	115
장난감	30-31, 45, 118
장내가스	46
장염(고양이 전염성)	26-27, 176
재난 대피 계획	104-109
저칼슘혈증	169
절뚝거림	61, 63, 142
정신 자극	28-31, 177
젖꼭지	102-103
젖당(유당) 불내증	14, 41
종양	27, 150, 156
주사 부위 종양	27
중성화	135, 176, 178
중성화(난소적출)	102, 176, 178
지진 대피 계획	104-105, 108
진드기	48-49, 67, 156
질식	118-121

질식	17
징후	7

ㅊ

처핑, 트릴링	35
척추 부상	70, 73, 74
체온	17, 58, 61, 116, 128, 150-151
체중	42-45
체중감소	46
추락	63
출혈	63, 81, 136-143
치과 질환	18-23, 50, 54, 115
치매	35
치아	14, 18-23, 50, 54, 115, 126
침	23, 161
침 뱉기	35
침 흘림	23, 119, 126, 128, 149, 152, 154, 161

ㅋ

캐리어, 켄넬	36, 74-75, 104, 109, 122, 178
만드는 법	174-175
콧물	23
퀴크	13, 25
크리스마스 장식	118
크립토코커스	156
클리커 훈련	37

ㅌ

탈수	151
턱	14, 126
털	15, 52, 78-79
곤두선 털	33

색인

발 상처	142-143	
체온	116	
발가락	12-13	
발열	63, 129, 136, 141, 150-151	
발작	61, 63, 149, 154-155	
발정	102-103	
발톱	12-13	
내성 발톱	53	
발톱 제거	177	
손질	24-25, 53	
방향 감각 상실	58, 61, 70	
배뇨	61, 63, 112-113, 115, 144-145, 154, 180	
배변	113, 115, 154, 180	
백혈병	26-27, 176	
뱀에 물림	132-133	
벌레	46	
벌레가 물고 찌름	132-133, 156	
벌침	132-133	
벼룩	47, 78	
변비	115	
병변	79, 130	
보툴리누스 중독	156	
복부, 늘어진 피부	46	
부종, 붓기	78, 113, 115, 126, 129, 132-133, 136, 137, 141	
분노, 바디 랭귀지	33	
붕대	64, 69, 77, 86-87, 137	
비만	42-45	
뼈	12-13	
골절	70, 126-127, 138-139, 141	

ㅅ

사고 외상	138-143
사냥 행동	15, 28, 177
사망 인식	123
사회성, 사회성 발달	36, 135
사후경직	123
상처	64, 68-69
감염	129, 136, 141, 142-143, 150
개방 골절	127, 139
꼬리 상처	126-127, 141
농양	129, 134, 136, 141, 143, 150
발 상처	142-143
세척과 드레싱	68-69, 76-77, 87
수술 후 요양	84-85
싸움으로 인한 상처	134-137
열상	141
외상으로 인한 부상	138-141
요양	86-87
출혈	136-143
새끼 고양이	
구충	46
심폐소생술	170-171
식단	38
싸움 놀이	135
예방접종	26, 178
출산, 신생묘	162-169
훈련	36-37
생리식염수	68, 76, 80
생식기	17, 144
생체 징후	58-59
샴푸하기	98-101
설사	46, 63, 152, 153, 161
성기	17
소리	33, 34-35, 52, 71, 113-114

심폐소생술	122-125, 138, 140
신생묘	170-171
소통	16, 32-35
소화계	14-15, 46
쇼크	74, 104, 116-117, 130, 137, 149
수면, 수면 증가	113
수술 후 요양	84-85
수염	16
그슬린 수염	130
바디 랭귀지	33
순막	80, 81
숨기	32, 104, 113, 114
스크래쳐 기둥	24, 31, 177
스트레스, 불안	32, 54, 71, 76
식단	14-15, 38-45, 78, 118, 181
노령묘	53
수술 후	85
식욕 상실	23, 50-52, 54-55, 63
위험한 음식	41
유독성 음식	161
임신한 고양이	103
체중과 비만	42-45
식단에 뼈	118, 120
식욕, 상실	23, 50-52, 54-55, 63, 113, 115, 150, 161
신경 손상	156
실내묘	134
발톱	24
운동	45
정신 자극	28-31
실신	132

색인

ㄱ
간질 176
갇힌 고양이, 구출하기 82-83
감전 63, 148-149
거품을 물다 119
건강 검진 7
걸음걸이 12, 61, 64, 70, 112, 114
경구성 피부 병변 79
경련 63, 154-155
고름 같은 분비물 129, 136, 137, 141
고양이 검사 58-61, 70
고양이 다루기 69, 70-73
　검진에 익숙해지게 함 7
고양이 칼리시바이러스 26-27, 176
고양이 클라미디아증 26-27, 176
고환 17
골격 12-13, 126-127
골절 70, 126-127, 138-139, 141
곰팡이 감염 78
곰팡이 모양, 버섯 모양 14
공격성 113, 135
공포, 바디 랭귀지 37, 71
광견병 26-27
교통사고 138-143
구급상자 66-69, 105
구역질 119
구취 23, 149
구토 46, 58, 61, 63, 69, 133, 146, 152, 161
귀 16
　귀 세척 95
　귀약 넣기 94-95
　귀진드기 48
바디 랭귀지 32-33
균형 16
그루밍 15, 50, 52-53, 78, 98
　변화 113-114
굵기 47, 48, 78, 114, 132
긍정(정적) 강화 36-37
기분 변화 112-114
기생충 46-49, 78, 156, 177, 181
기침 63, 119, 146, 149
길 잃은 고양이 179
꼬리 16
　골절 126-127, 141
　바디 랭귀지 32-33
　외상으로 인한 부상 141
　탈구 127

ㄴ
넥카라(엘리자베스 카라) 77, 79, 84-85, 86, 14
　만드는 법 172-173
노령묘
　노화 징후 50-53
　식단 38-39
노화, 징후 50-53
놀이 28-31, 45, 135
농양 23, 129, 134, 136, 141, 143, 150
뇌졸증 156-157
눈 14, 16, 61, 80-81
　눈 세척 96
　바디 랭귀지 32-33
　사망 징후 123
　세안제 69, 96
　쇼크 징후 116
　안약 넣기 96-97

출혈 81, 140
통증 징후 알아채기 113, 114

ㄷ
당뇨병 176
독성 물질 41, 63, 158-161
두부 외상 63, 70, 73, 140
듣기 16, 50-51
들것 74

ㄹ
레이저 포인터 30, 83
림프절 150

ㅁ
마비 63, 156-157
마사지 117
마이크로칩 104, 179
맥박 58, 60, 63, 113, 115, 116, 121, 123, 138
며느리 발톱 12-13
면역체계 27, 51, 52
목욕시키기 98-101
목줄 104, 118-119
물, 수분 14, 51
물기 36, 114
물리치료 115
물린 상처 134-137
물집 130

ㅂ
바디 랭귀지 32-33
바이러스 감염 156
반다나 118-119
반려동물 여권 27
발 12-13

용어집 187

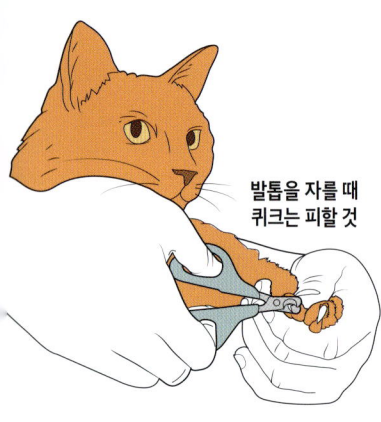

발톱을 자를 때 퀴크는 피할 것

심폐소생술
의식이 없거나 사망한 고양이를 되살리는 수단.

쇼크
혈류량의 부족으로 발생하는 위독한 상태.

심정지
혈류량의 감소로 심장의 원활한 펌프 기능 상실.

야콥슨 기관
개 입천장에 있는 후각 기관.

예방접종
항체를 자극하는 물질로 질병에 저항하는 면역체계를 생성하는 치료법.

외상
사고나 속상한 경험 후 발생하는 감정적 고통이나 쇼크.

유선염
유선 조직의 감염.

육식성 동물
식단에서 고비율의 육식이 요구되는 동물.

자궁/난소 적출술
암컷 고양이의 난소와 자궁을 외과 수술로 제거하는 것.

자궁내막염
자궁 내벽의 염증.

자창(찔린 상처)
날카로운 물체가 피부를 관통한 상처.

저칼슘혈증
혈류 내 칼슘 부족.

중성화
반려동물의 생식기능을 제거하는 것으로 수컷 반려묘의 고환을, 암컷 반려묘의 난소와 자궁을 외과 수술로 제거하는 것.

퀴크
고양이의 발톱 중앙을 통과하는 혈관.

크립토코커스증
여러 가지 효모와 유사한 균에 의한 곰팡이 감염.

톡소플라스마증
톡소플라스마 곤디이 기생충에 의해 발생하는 질병.

퍼즐 피더
심리적 자극을 제공하며 음식이 조금씩 나오게 만들어진 장난감.

호흡수
고양이의 분당 호흡수.

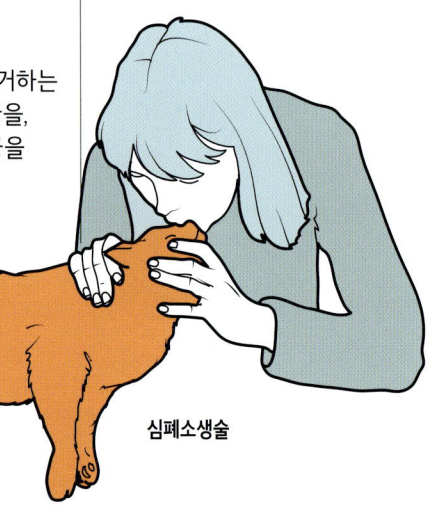

심폐소생술

용어집

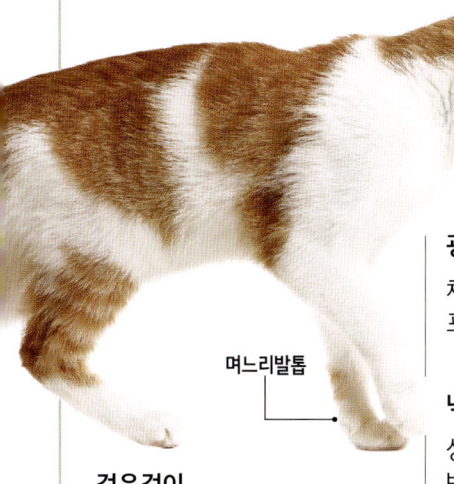

며느리발톱

걸음걸이
고양이의 걷는 방식.

고양이 전염성 장염
고양이에게 심각한 위장염을 일으키는 전염성 높은 바이러스.

고양이 클라미디아증
클라미도필라 펠리스에 의해 발생하는 전염성 높은 세균성 감염증.

고양이 하부 요로 질환
고양이의 방광이나 요로에 영향을 미치는 질병.

고양이 하피스 바이러스
고양이에게 호흡기 감염을 일으키는 전염성 높은 바이러스.

광견병
체액을 통해 전염될 수 있는 포유류 바이러스 질환.

넥카라(엘리자베스 카라)
상처 핥기를 방지하기 위해 반려묘의 목에 두르는 보호 기구.

농양
고름이 찬 조직의 부은 부위.

동공 확장
정상보다 크게 열린 동공.

림프절
면역체계의 주요 구성요소인 림프액을 여과하는 콩처럼 생긴 구조체.

마이크로칩
식별 정보를 포함한 작은 컴퓨터로 고양이 피부 아래에 내장됨.

만성 궤양성 치주 구내염(CUPS)
잇몸과 구강 내벽에 고통스러운 궤양을 유발하는 구강의 병.

며느리 발톱
고양이의 앞발에 있는 발가락으로 다른 발가락보다 발의 위쪽에 붙어 있음.

목덜미
고양이의 목 뒤, 귀 바로 밑에 있는 늘어진 피부.

발정기
암컷 고양이가 짝짓기를 할 수 있는 성적 주기.

발정기 고양이 울음소리
길게 울부짖는 소리로 보통 반려묘의 발정기를 알리는 신호.

병변
손상된 조직 부위.

보툴리누스 중독
클로스트리디움 보툴리누스균에 의한 식중독으로 육류 및 기타 음식에서 발견되기도 한다.

생리식염수
상처를 씻어낼 때 사용하는 물과 소금의 혼합액.

심각한 사고

사고	페이지	사고	페이지
감염	136	심폐소생술(CPR)	125
감전	148	열사병	128
골절	126	의식불명	124
다친 고양이 이송하기	157	익사	146
두부 외상	140	중독	158
발열	151	질식	120
발작	155	체온	61
사망	123	출혈	137
쇼크	116	통증 발견	112
신생묘 되살리기	171	호흡 정지	124
심박수	60	호흡수	59
심폐소생술	124	화상	130

NOTE:
어떤 단계에서든 뭔가 잘못된 것은 아닌지 걱정되면, 즉시 동물병원에 연락해서 조언을 구하세요.

응급처치 목록

경미한 상처			
증상	페이지	증상	페이지
감염	136	소화 문제	152
경미한 상처	76	심박수	60
귀 약	94	쏘임	133
꼬리 부상	141	약물 투약	90-91
농양	129	임신 확인	102
동물병원에 언제 가야할까?	62	진드기 제거	49
물림	132	찜질하기	129
발 상처	142	체온	61
베임(자상)	141	출혈	137
비뇨기 문제	144	통증 관리	115
상처 드레싱	77	통증 발견	112
생리식염수	80	화상	130

부록